Richtig atmen
für mehr Lebensfreude

Konrad Halbig
Karin Schnellbach

Richtig atmen

für mehr Lebensfreude

Praktische
Anwendung der
Atemtherapie

Urania

Inhalt

Vorwort

Als 1992 mein erstes Atembuch veröffentlicht wurde, arbeitete ich hin und wieder aushilfsweise in einer Buchhandlung. Mein Herz schlug dann immer höher, wenn ein Kunde mein Buch aus dem Regal nahm und darin las. Manche legten es dann wieder weg, wahrscheinlich weil sie dachten: Nun ja, Atmen ist schon wichtig, doch was ich jetzt eigentlich brauche, ist ein Buch mit dem Thema »Wie bekomme ich den richtigen Lebenspartner?«, oder einen neuen Job, eine neue Wohnung, oder wie löse ich meine Geldprobleme?, oder wie kann ich mich ganz einfach und effektiv entspannen und Kraft tanken... und später werde ich mich auch mal um das Atmen kümmern.

Ich garantiere Ihnen, wenn Sie die Übungen in diesem Buch ausprobieren, werden Sie diese Ziele schneller erreichen!

Vielleicht glauben Sie mir nicht. Ich kann Ihnen nur sagen, ich habe es an mir selbst ausprobiert. Durch richtiges Atmen haben Sie mehr Lebenskraft, sind Sie ausgeglichener, aktivieren Sie Ihre Selbstheilungskräfte, besitzen Sie starke Nerven. Die Nervenzellen und auch die übrigen Zellen des Körpers regenerieren schneller. Ihr Blut wird mit frischem Sauerstoff versorgt, Ihr Körper wird entgiftet. Atmen erfrischt und verjüngt Ihre Haut. Richtiges Atmen ist eine Erleichterung bei der Geburt, es erhöht die Immunität gegen Krankheiten und stärkt die Abwehrkräfte. Kurz gesagt: Richtiges Atmen erhält Ihre Gesundheit und verleiht Ihnen Kraft, Leistungsfähigkeit und Langlebigkeit.

Wenn Sie noch verunsichert sind, dann halten Sie einmal für fünf Minuten die Luft an – und Sie werden spüren, wie wichtig das Atmen für Sie ist.

Doch wie lebenswichtig das Atmen sein kann, darauf macht uns kein Lehrer in der Schule aufmerksam. Atmen Sie sich gesund, atmen Sie sich frei, denn es ist Ihr Recht, Ihr Leben zu genießen; und führen Sie dazu die Übungen aus diesem Buch durch. Viel Vergnügen.

Einleitung

Das Wort Atem stammt aus dem altindischen Sanskritwort Atman und bedeutet soviel wie das »ungeteilte Selbst« oder »das in uns wirksame Göttliche«. Alles im Universum bezieht seine Kraft durch das Ki, die universelle Lebenskraft, welche zusammen mit der Luft eingeatmet wird. In den spirituellen Hochkulturen des Tao und Buddhismus hat die Schulung des Atmens eine uralte Tradition. Atmenyogis können zwischen dem Ein- und Ausatmen bis tausend zählen, und der Atmungsvorgang verläuft in äußerster Stille und Konzentration, so daß sich eine zwischen Mund und Nase gehaltene Daunenfeder nicht bewegt.

In den 60er Jahren begann sich im sonnigen Kalifornien ein neues Bewußtsein zu formen, eine Verschmelzung aus neuen Therapieformen und traditionellen östlichen Heilmethoden fand dort ihren Anfang. Inzwischen sind Yoga, Akupunktur und ähnliche Methoden auch bei uns längst keine exotischen Praktiken mehr. Genau auf diesem Weg kam auch Rebirthing nach Europa. Der Kalifornier Leonard Orr hat aus östlichen Weisheiten des Atmens eine äußerst wirkungsvolle, westliche Therapieform entwickelt.

Der Atem wirkt gleichermaßen auf der körperlichen, emotionalen und spirituellen Ebene. Das ist sein Geheimnis. Jeder, der etwas Gutes für sich tun will, kann mit dem bewußten Atmen beginnen. Das soll nicht heißen, daß Atmen die einzig richtige Therapie gegen jede Art von Leiden ist. Der Atem ist eher so etwas wie ein uraltes Hausmittel, mit dem Vorteil, daß es uns sowieso ständig begleitet. Wenn uns der Atem bewußt ist, merken wir, daß er uns durchs Leben trägt, wie ein Freund, der jede Sekunde für uns da ist. Wer sich den Atem zum Freund macht, wird feststellen, daß sein Leben eine andere Dynamik, eine neue Qualität bekommt.

Durch die Luft, die wir ein- und ausatmen, sind wir mit all den anderen Wesen auf dieser Erde verbunden. Bewußtes Atmen ist für den Körper genauso wichtig wie bewußte Ernährung. Indem wir bewußt atmen, lernen wir, mit uns selbst verbunden zu sein.

Wirkung und Funktion des Atems

Kein Leben ohne Luft

Wäre unser Planet nicht von einer schützenden Atmosphäre voller Sauerstoff umhüllt, würde es auf der Erde kein Leben geben. Luft ist genauso wie die anderen drei Elemente (Feuer, Wasser, Erde) lebensnotwendig. Kein Licht und keine Wärme ohne Feuer, keine Nahrung ohne Erde und Wasser und kein Atemzug ohne Luft. Bereits drei Minuten ohne Sauerstoff führen zu irreparablen Schäden an den empfindlichen Hirnzellen. Aber nicht nur wir Menschen benötigen die Luft zum Atmen, auch alle anderen Lebewesen wie etwa Tiere und Pflanzen. Bis vor wenigen Jahrzehnten machte sich niemand Gedanken um saubere Luft, denn sie schien einfach vorhanden zu sein. Eine Zeitspanne von nur knapp hundert Jahren genügte jedoch, uns alle eines Besseren zu belehren. Denn mit der Erfindung des Verbrennungsmotors und der zunehmenden Verbreitung von Autos und Flugzeugen hat sich diese Situation drastisch verändert. Die Luft in unseren Städten ist längst durch Schwermetalle und Gase verschmutzt. »Gute Luft« ist zu etwas äußerst Wertvollem geworden.

Bereits drei Minuten ohne Sauerstoff führen zu irreparablen Schäden an den empfindlichen Hirnzellen.

Der Atemkreislauf

Mit jedem Atemzug strömt etwa ein halber Liter Luft durch den Rachen in die Luftröhre. Die Luftröhre teilt sich am unteren Ende in die beiden Hauptbronchien. Jeder Hauptbronchus teilt sich innerhalb der Lunge in kleinere Bronchien und verzweigt sich immer weiter zu mikroskopisch kleinen Ästchen. Weil man sich das wie bei einem Baum mit Ästen und Zweigen vorstellen kann, spricht man auch von einem Bronchialbaum.

In jedem Lungenflügel eines gesunden Menschen befinden sich mehr als 200 Millionen Lungenbläschen mit einer Gesamtoberfläche von etwa 100 qm. Die mit Luft gefüllten Kämmerchen, die das Endstück der Bronchiolen – also der feineren Verzweigungen der Bronchien – bilden, sind von einem Netzwerk kleinster Haargefäße umgeben. In diesen Haargefäßen findet der Gasaustausch statt: Der Sauerstoff aus der Luft wird in das Blut abgegeben, dort sind die roten Blutkörperchen für den Sauerstofftransport in das Körpergewebe zuständig. Durch den Blutkreislauf wird Sauerstoff zu jeder noch so abgelegenen Zelle des Körpers transportiert. Im Zellinnern findet ein Verbrennungsprozeß statt, der sogenannte Stoffwechsel: Nahrung wird in Energie umgewandelt. Ohne Sauerstoff könnte nichts verbrennen. Ein Feuer ohne Sauerstoff erlischt. Der Atem ist quasi unser Verbrennungsstoff.

Bei der Verbrennung entsteht als Abfallprodukt Kohlensäure, die das Blut jetzt im Gegenzug aufnimmt, dabei eine dunkle Farbe bekommt und die Kohlensäure zurück zu den Haargefäßen der Lungenbläschen transportiert. Dort erfolgt wieder ein Gasaustausch und die »Abfallstoffe« werden als Kohlendioxid und Wasserdampf ausgeatmet.

Mund- oder Nasenatmung

Normalerweise atmet der Mensch durch die Nase. Wenn jemand jedoch ständig durch den Mund atmet, liegt wahrscheinlich eine Krankheit der Atemwege vor.

Bereits beim Einatmen wird die Luft gereinigt. Feine Schmutzteilchen schlagen sich auf der Schleimhaut nieder, während die gröberen Partikelchen von den Nasenhaaren zurückgehalten werden. Die Schleimhaut macht die Atemluft feuchter. Dabei wirkt auch Tränenflüssigkeit mit, die durch einen feinen Gang in die Nase läuft. Die Atemluft muß warm und feucht sein. Bevor sie in das Lungengewebe einströmen kann, muß die Luft in Wasser gelöst werden. In der Nasenhöhle sind die Riechfelder an-

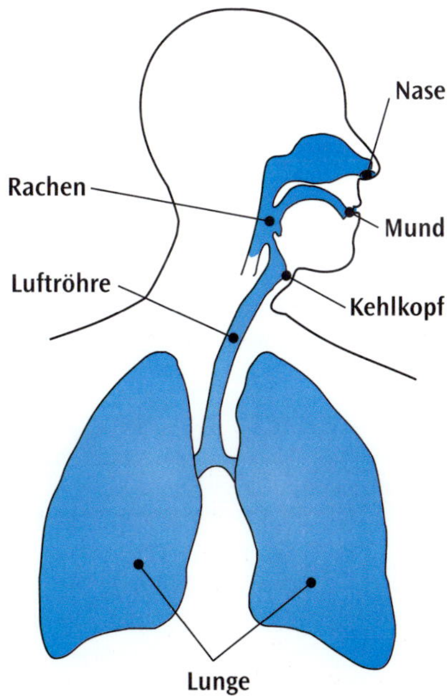

Einfache anatomische Darstellung der Lungen

gesiedelt, die die Luft auf ihren Geruch hin prüfen. Deshalb haben wir bei schlechter Luft auch das tiefe Bedürfnis, zum Beispiel das Fenster zu öffnen.

Hinweis:
Wer während einer Rede besonders häufig zum Wasserglas greifen muß, atmet höchstwahrscheinlich durch den Mund. Ein Nasenatmer hat hingegen keine Probleme mit dem Austrocknen der Kehle.

Anatomische Darstellung der Nase

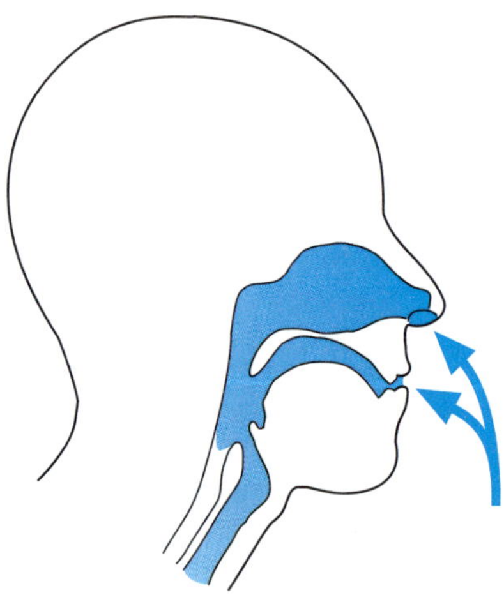

Funktion der Nase

Der von außen sichtbare Teil der Nase ist wesentlich kleiner als der innere Teil, der über dem Gaumen angesiedelt ist. Es gibt eine rechte und eine linke Nasenhöhle, die durch die Nasenscheidewand getrennt sind. Nasenmuscheln teilen jede Nasenhöhle in drei Gänge, den oberen, mittleren und unteren Nasengang. Obwohl diese drei Nasengänge hinter dem Gaumen wieder zusammentreffen, wird durch Verwirbelung der Luft bereits dort entschieden, in welche Bereiche der Lungen die Luft geschleust werden soll.

Schnupfen kennt jeder von uns, und deshalb wissen wir auch, wie unangenehm sich eine verstopfte Nase auf unser gesamtes Wohlbefinden auswirkt. Wenn dann der Luftstrom zu dünn wird, bleibt häufig gar keine andere Wahl, als durch den Mund zu atmen. Aber auch in Situationen – zum Beispiel bei körperlicher Anstrengung durch Sport oder Arbeit aber auch bei seelischer Anspannung -, also in Situationen, in denen der Körper sehr viel Sauerstoff benötigt wird, ist es oft sinnvoll, eine Weile durch den Mund zu atmen, um so ein größeres Luftvolumen veratmen zu können.

Unbewußtes Atmen

Das Atemzentrum gehört zu dem sogenannten autonomen Nervensystem, das alle unbewußten Vorgänge des Körpers steuert, wie etwa den Herzschlag und die Verdauung. Dieses Atemzentrum besteht aus vielen einzelnen Nervenzellen und liegt im verlängerten Rückenmark, dem Hirnstamm.

Eine Erregung dieser Zellen bewirkt abwechselnd ein Zusammenziehen und Erschlaffen der Atemmuskulatur.

Die Frequenz, mit der die Impulse ausgesendet werden, wird unter anderem vom pH-Wert des Blutes, von der Temperatur und von Sinnesreizen beeinflußt.

Bei Kälte atmen wir schneller, um mehr Energie erzeugen zu können, ein wohlig warmes Vollbad verlangsamt die Atmung und wirkt deshalb beruhigend. Bei Aufregung atmen wir schneller, während uns vor Schreck schon einmal der Atem stockt.

Vom ersten bis zum letzten Atemzug

Ein Erwachsener atmet unter normalen Bedingungen etwa 12 – bis 16mal in der Minute, also etwa 20 000mal am Tag. Das aus Indien überlieferte Hatha-Yoga geht davon aus, daß jedes Lebewesen nur eine bereits vorbestimmte Anzahl von Atemzügen zur Verfügung hat, und wenn diese verbraucht ist, ist das Leben zu Ende. Deshalb lehren Atemschulen das langsame Atmen. Natürlich gibt es keine Beweise für diese Behauptung, trotzdem kann man sich vorstellen, daß tiefe langsame Atemzüge anstelle von flachem hastigem Atmen zu einer Verlängerung des Lebens führen könnten.

Ruhe und Reife eines Menschen zeigen sich in der Art seines Atmens. Er kann kurz und hastig, gierig oder gedankenlos eilen, gar noch durch den offenen Mund, oder in langen Wellen strömen, vergleichbar der Kraft im Wogen des offenen Meeres. Der Geist formt den Leib und den Atem. (zitiert aus Werner Zimmermann, Kräfte des Atems)

Ruhe und Reife eines Menschen zeigen sich in der Art seines Atmens

Bewußtes Atmen

Das Besondere an der Atmung ist, daß sie entweder willentlich oder unwillentlich geschehen kann. Im Schlaf und im Koma atmen wir automatisch. Wir können aber auch kraft unseres Willens jederzeit eine Weile den Atem anhalten, tiefer, schneller oder einfach anders atmen. Bereits in der Antike kamen die

Menschen auf die Idee, diese Fähigkeit des bewußten Atmens zu nutzen. Sie erkannten, daß man die Atmung ganz gezielt als Werkzeug einsetzen kann, um sich körperlich, geistig und auch seelisch weiterzuentwickeln.

Auch heute trifft man in östlichen Atemschulen oder bei Atemtherapien nur selten Menschen an, die Probleme mit ihrer Atmung haben, sondern vor allem Menschen mit einem tiefen Interesse an geistiger und körperlicher Gesundheit sowie an spirituellem Wachstum. Vor allem in unserer modernen Industriegesellschaft stehen schlechte Angewohnheiten oft in einem direkten Zusammenhang mit dem Atmungsverhalten. Denn gerade in der westlichen Welt läßt sich bei den Menschen häufig eine flache und verkümmerte Atmung feststellen, die vor allem durch eine schlechte Körperhaltung und/oder falsche Ernährung bedingt ist. Das Schöne an schlechten Gewohnheiten ist jedoch, daß wir sie ablegen können, wenn wir es nur wirklich wollen.

Hinweis:

Durch tieferes Atmen verstärken wir die Sauerstoffzufuhr und den Abtransport von »Abfallstoffen«. Zu siebzig Prozent wird unser Körper durch das Ausatmen und zu zwanzig Prozent durch die Haut entgiftet, aber nur sieben Prozent der Gifte werden über den Urin und drei Prozent über den Stuhl ausgeschieden.

Die Atemmuskulatur

Mit welchen Muskelbewegungen können wir unsere Atmung steuern? Der wichtigste Atemmuskel ist das Zwerchfell, eine breite gewölbte Muskelplatte, die oben gegen die Brusthöhle gerichtet ist. Das Zwerchfell ist an den drei untersten Rippen des Rippenbogens angewachsen und trennt Brust- und Bauchraum voneinander. Das Zwerchfell hat mehrere Durchtrittsöffnungen für Blutgefäße und Nerven. Es bewegt sich beim Atmen wie eine Membranpumpe auf- und abwärts in Richtung Beckenboden. Wenn es sich nach unten bewegt, vergrößert sich gleichzeitig das Volumen im Brustraum, wobei Luft einströmt. Wir saugen also die Luft gar nicht aktiv ein, sondern vergrößern und verkleinern durch Muskelbewegung unser Lungenvolumen.

Weitere Muskeln für die Atmung sind die Zwischenrippenmuskeln. Beim Zusammenziehen vergrößern sie den seitlichen Brustraum.

Bauch- oder Brustatmung?

Babys schöpfen noch das gesamte Potential ihrer Atemräume aus. Doch im Laufe der Jahre wird die Atmung immer flacher und einseitiger. Dazu tragen Erziehung (»reiß dich zusammen«), ungünstige Körperhaltung durch das viele Sitzen in der Schule und mangelnde Bewegung bei.

Man unterscheidet vor allem zwei Arten des Atmens: die Brust- und die Bauchatmung. Weniger bekannt sind hingegen die Flankenatmung – ein Mittelding zwischen Bauch- und Brustatmung – und die Rückenatmung.

Es gibt die Vorstellung, daß der Mensch aus Körper, Geist und Seele besteht. Der Geist gilt dabei als die denkende, planende und analysierende Kraft, während der Körper als ausführendes Organ angesehen wird. Doch ohne die Körper und Geist verbindende Seele können beide nicht funktionieren. Nun werden Sie vielleicht fragen: Alles schön und gut, doch was hat das mit der Atmung zu tun? Die Antwort darauf ist ganz einfach, denn man unterscheidet zwischen oberen, mittleren und unteren Lungenbereichen und dementsprechend gibt es auch die Brust-, Flanken- und Bauchatmung.

Der bodenständige Mensch, der Materialist, atmet vorwiegend in den Bauch. Man findet besonders viele Männer unter den Bauchatmern. Der eher geistig veranlagte Typ, aber auch der Ängstliche, atmet vorwiegend in die Brust. Die Flankenatmung, die all dies miteinander verbinden sollte, wird oft vernachlässigt.

Hinweis:
Einengende Kleidung behindert eine gesunde Atmung. Gürtel, Hosen- und Rockbünde in der Taille schnüren den Bauch ein, der sich aber beim Atmen ungehindert dehnen können sollte.
Dadurch wird der Körper quasi in zwei Hälften geteilt, und das macht es dann äußerst schwer, alle Atemräume einheitlich zu verbinden.

Folgende Übung verdeutlicht die unterschiedlichen Atemräume:

Verschiedene Atemräume

a) Bauchatmung:

Legen Sie sich auf den Rücken, auf eine Couch oder besser noch auf den Boden auf eine Decke. Plazieren Sie unter Ihrem Nacken ein kleines Kissen, damit der Hals nicht überstreckt ist, und so viele Kissen in die Kniekehle, damit der Rücken ganz auf der Unterfläche aufliegt. Legen Sie beide Hände in Nabelhöhe flach auf den Bauch und atmen nun so, daß sich Ihr Bauch beim Einatmen nach vorne wölbt und beim Ausatmen einsinkt. Es wird nur durch die Nase geatmet. Lassen Sie sich Zeit nach dem Ausatmen, bis der Körper von sich aus nach Einatmen verlangt.

Achten Sie beim Einatmen darauf, weder Schultern noch Becken nach oben zu ziehen

b) Brustatmung

Legen Sie die rechte Hand auf die Brust und atmen nun so, daß sich die Brust unter Ihrer rechten Hand hebt und senkt. Ihre linke Hand auf dem Bauch sollte sich nun nicht mehr bewegen.

Probieren sie mit Ihrer rechten Hand verschiedene Positionen auf der Brust. Man kann auch ganz weit oben in die Brust atmen, auf der Höhe des Schlüsselbeins.

c) Flankenatmung

Stützen Sie Ihre Hände rechts und links in die Flanken. Die Flanken befinden sich oberhalb der Taille am seitlichen Rücken. Die Fingerspitzen zeigen nach unten, die Handinnenflächen liegen auf den Rippen. Atmen Sie nun so, daß sich der Brustkorb unter Ihren Händen seitlich nach außen dehnt. Wenn Sie damit Schwierigkeiten haben, probieren Sie es im Stehen mit vorgebeugtem Oberkörper. In dieser Haltung ist die Flankenatmung besonders einfach, weil Bauch und Brust nicht so beweglich sind.

d) Kreuz- oder Rückenatmung

Legen Sie sich hierzu auf den Bauch, den Kopf zur Seite gedreht. Legen Sie eine Hand auf den Rücken, ein Stück über dem Steißbein. Achten Sie beim Einatmen darauf, weder Schultern noch Becken nach oben zu ziehen. Der Atemraum im Kreuz und Rücken ist geringer, trotzdem sollte die Hand die Atembewegung deutlich spüren.

Nach dieser Übung sollten Ihnen die Atemräume Ihres Körpers und die dazugehörigen Muskelbewegungen ein wenig mehr bewußt geworden sein. Vielleicht haben Sie auch gemerkt, welche Art von Atmung Ihnen leichter fällt und welche noch etwas mehr aktiviert werden könnte.

Vollatmung

Wenn Sie gelernt haben, die einzelnen Atemräume leicht zu bewegen, wird Ihnen auch die Vollatmung gelingen. Die Vollatmung bei jedem Atemzug, auch wenn Sie nicht daran denken, ist unser Ziel.

Atmung und Bewegung

Bei allen Arten von intensiverer Bewegung, wie etwa beim Sport, verlangt der Körper ganz automatisch nach einer vertieften Atmung, um das Blut mit dem benötigten Sauerstoff anzureichern. In unserer zivilisierten Welt kommt man unter normalen Umständen mit einem auf ein Minimum reduzierten Bewegungsaufwand durch den Alltag. Dies ist zwar bequem, doch äußerst ungesund. Flaches und damit schlechtes Atmen ist also in unseren Breitengraden so etwas wie eine Zivilisationskrankheit geworden. Daher sollte man immer noch die alte Grundregel beherzigen, die besagt, daß man sich zumindest einmal am Tag soviel Bewegung verschaffen sollte, daß man richtig ins Schnaufen und Schwitzen gerät. Das kann sowohl im Fitneßstudio, bei der täglichen Hausarbeit oder beim Treppensteigen sein.

Was passiert bei Bewegung im Körper?

Durch Aktivität beschleunigt sich der Rücktransport des venösen Blutes, denn durch die dabei entstehenden Muskelkontraktionen werden die zwischen den Muskeln liegenden Venen ausgepreßt. Außerdem werden Herz und Lungen bei körperlicher Belastung trainiert. Der Sauerstoffverbrauch eines erwachsenen Menschen in Ruhe beträgt etwa ein Viertel Liter pro Minute; bei sportlicher Höchstleistung kann er bis auf zwanzig Liter pro Minute ansteigen. Erreicht wird diese Menge durch erhöhte Lungenventilation, vertiefte Ein- und Ausatmung, Erweiterung der Kapillargefäße in den Lungen und eine Beschleunigung der Blutströmung. Der gesunde Mensch verfügt über genügend Reserven in den Lungen, so daß selbst bei körperlicher Höchstleistung niemals der Sauerstoff knapp werden kann.

Regelmäßige sportliche Betätigung kann die Aufnahmefähigkeit der Lungen für Sauerstoff erheblich erhöhen

Der lange Atem

Bei regelmäßiger sportlicher Betätigung kann sich die Aufnahmefähigkeit der Lungen für Sauerstoff erheblich erhöhen. Jemand, der sich nicht sportlich betätigt, verwertet nur drei Prozent des in der Atemluft befindlichen Sauerstoffs, ein Hochleistungssportler dagegen acht Prozent. Wenn Sie also regelmäßig Sport treiben, ist Ihr Organismus leistungsfähiger und besser gerüstet für besondere Situationen, in denen Sie kurzzeitig mehr Sauerstoff benötigen, wie zum Beispiel bei Aufregung oder Anstrengung. Der Ausdruck »einen langen Atem haben«, bezeichnete ursprünglich diese Fähigkeit. Auch arbeitet das Herz eines Sportlers ökonomischer, da es mit einem Schlag eine größere Menge Blut durch den Kreislauf pumpt und dadurch langsamer schlagen muß.

Regelmäßiger Sport hält den Organismus leistungsfähig

Luft anhalten

Nur in wenigen Sportarten gibt es ein gezieltes Luftanhalten wie beispielsweise beim Bogenschützen, der im Moment des Schusses die Luft anhält, um den Körper vollkommen ruhig zu halten, oder beim Gewichtheber, der durch Luftanhalten zusätzlich den Zwerchfellmuskel zur Krafterzeugung nutzt. Dagegen ist es meist nur eine schlechte Angewohnheit, wenn wir bei körperlicher Anstrengung die Luft anhalten, zum Beispiel wenn wir etwas Schweres heben.

Freie Vollatmung

Der natürlichste Weg, um zu einer tiefen Vollatmung zu kommen, sind sportliche Betätigung, Bewegung und auch Sex. Es ist ein wunderbares Gefühl, nach einer sportlichen Anstrengung auf dem Boden zu liegen, und der Atem strömt in vollen Zügen durch den ganzen Körper. Früher gehörte diese Art der körperlichen Beanspruchung noch zum normalen Lebensalltag.

Unser modernes Leben spielt sich hingegen häufig in vollklimatisierten Räumen ab. Wir tragen zu enge Kleidung (knappe Hosen, Krawatten usw.), sitzen zuviel, fahren zu oft Auto und atmen Abgase und zu hohe Ozonwerte mit der Luft ein. Doch selbst diejenigen, die nicht in Büros, sondern unter Einsatz ihrer Körperkraft arbeiten, sind in keiner glücklicheren Lage. Ihnen machen nicht nur einseitige Bewegungsabläufe in schlechter Körperhaltung zu schaffen. Häufig sind sie auch chemischen Stoffen ausgesetzt oder müssen schädliche Dämpfe einatmen.

Übungen zum richtigen Atmen

Um dem falschen, flachen Atmen, das sich bei unseren Lebensbedingungen fast schon zwangsläufig eingestellt hat, ein wenig entgegenzuwirken, ist es hilfreich, alle zwei Stunden eine kleine Übung durchzuführen, welche die Atmung wieder ein wenig ankurbelt.

Übung für den Autofahrer

Wenn Sie beim Autofahren eine kleine Pause machen, werden Sie automatisch das Bedürfnis haben, sich ein wenig zu strecken und zu dehnen. Anschließend sollten Sie auch noch etwas für Atmung und Kreislauf tun: Laufen Sie doch einfach ein wenig auf der Stelle, und wechseln Sie dabei zwischen normalem Laufen, Laufen, bei dem die Knie bis zur Brust hochgezogen werden, und Laufen, bei dem die Fersen zum Gesäß hin geworfen werden.

Atmen Sie immer durch die Nase ein und durch den Mund wieder aus. Auch wenn Sie sich selbst für eher unsportlich halten, sollten Sie nicht sofort dem ersten Impuls nachgeben und aufhören. Sie können diese Übung doch mindestens dreimal so lange durchhalten, oder?

Zum Schluß der Übung beschleunigen Sie Ihr Tempo ein wenig. Wenn Sie dann aufhören, sollten Sie spürbar »ins Atmen« gekommen sein.

(Diese Übung hilft auch bei Müdigkeit, weil durch die Sauerstoffzufuhr auch die Gehirnzellen wieder angeregt werden.)

Übung im Büro

Setzen Sie sich auf Ihren Bürostuhl weit nach vorne, die Knie sollen einen rechten Winkel bilden, die Füße mit der ganzen Fußsohle auf dem Boden stehen. Verschränken Sie die Hände im Nacken. Atmen Sie durch die Nase ein, strecken Sie dabei den ganzen Rücken gerade und drücken Sie die Ellbogen nach außen. Dann atmen Sie durch die Nase aus, machen dabei langsam Ihren Rücken rund und lassen Ellbogen und Kopf nach vorne fallen. Beim Einatmen richten Sie den Oberkörper wieder langsam auf.

Wiederholen Sie die Übung einige Male. Sie werden feststellen, daß dadurch nicht nur die Atmung angeregt wird, sondern sich auch Verspannungen der Rückenmuskulatur lösen.

Übung zu jeder Tageszeit

Für zwischendurch eignen sich die »zwanzig verbundenen Atemzüge« von Seite 65; sie sind eine wunderbare Alternative in der Schlange an der Supermarktkasse, anstatt sich zu ärgern.

Der Atem trägt die Stimme

Eine äußerst wichtige Funktion des Atmens ist es, die Stimme mit dem erforderlichen Luftstrom zu versorgen. Die menschliche Stimme wird durch den Atem getragen. Sie ist unser wichtigstes Kommunikationsorgan und gleichzeitig Ausdruck unserer Persönlichkeit.

Stimmvolumen

In aller Regel ist der Mensch von Natur aus äußerst stimmgewaltig. Jeder weiß, mit welcher Lautstärke und Kraft ein Baby aus vollem Halse brüllen kann. Doch im Laufe der Erziehung wird die Stimme immer stärker eingeschränkt. Kinder werden häufig ermahnt, leiser zu sein, da die Erwachsenen das laute Geschrei unerträglich finden.

So verkümmert manchmal der gewaltige Strom der Stimme, bis kaum mehr als ein schwaches Rinnsal übrig bleibt. Besonders Frauen sind oft in ihrer natürlichen Stimmstärke reduziert, und nur die wenigsten sind in der Lage, in einem Saal mit hundert Menschen laut genug zu sprechen, um von jedem der Anwesenden verstanden zu werden.

Singen ist aktives Atemtraining

Wirkung der Stimme

Die Stimme eines Menschen hat eine ganz enorme Wirkung auf seine Umwelt. Sie ist ebenso untrennbar mit dem Menschen verbunden wie sein äußeres Erscheinungsbild. Wer von uns hat nicht schon einmal einen völlig anderen Eindruck von einer Person bekommen, nachdem diese zu sprechen begonnen hat. Die Stimme kann das alles entscheidende Zünglein an der Waage sein, ob wir jemanden sympathisch finden oder nicht. Wenn wir mit einer unbekannten Person telefonieren, bestimmt der Klang ihrer Stimme das Bild, das wir uns von ihr machen.

Wenn es um das äußere Erscheinungsbild geht, dann sind viele Menschen gerne bereit, größere Summen für Mode, Kosmetik, Fitneß und sogar Schönheitsoperationen zu investieren; doch wer kümmert sich schon um seine Stimme? Da wird gehungert und geturnt und gelitten, damit die Figur stimmt, aber die Stimme wird vergessen. Wie sonst wäre es möglich, daß es zwar Aerobic- und Fitneßstudios für den Körper gibt, aber nichts Vergleichbares für die Stimme?

Dabei wäre es ohne weiteres möglich, die eigene Stimme genauso zu trainieren wie etwa seine Bauch- oder Beinmuskulatur.

Lautfarben

Jeder menschliche Laut hat eine ganz spezifische Klangfarbe und wirkt damit unterschiedlich auf Körper und Geist. Die unterschiedlichen Laute setzen verschiedene Organe in Schwingung und haben besondere Klangeigenschaften:

Wirkung der einzelnen Töne auf Regionen des Körpers

i	*Kopf, Rachen*	*Freude*
e	*Hals, Kehlkopf*	*Heiterkeit*
a	*obere Brust*	*Klarheit*
o	*Herz*	*Ruhe*
u	*Unterleib*	*tiefer Ernst*

Kleine Übung zu den verschiedenen Lautfarben

Probieren Sie die im Kästchen aufgeführten Vokale der Reihe nach, wobei Sie darauf achten sollten, wo Sie den jeweiligen Ton spüren, und wie er sich anfühlt.

Üben Sie nun der Reihe nach mimimimi ..., memememe ... usw.

Gehen Sie ruhig ein wenig spielerisch an die Sache heran und versuchen Sie, Ihre Stimme zum Klingen zu bringen. Gehen Sie beispielsweise vom Sprechen ins Singen über und dann wieder zurück.

Der Klang der Stimme verrät die Stimmung

Am Klang der Stimme läßt sich die Stimmung eines Menschen erkennen. Emotionen schlagen sich augenblicklich in der Stimme nieder. Angst oder Unsicherheit etwa lassen die Stimme wacklig werden, während sie bei Wut gepreßt wirkt. Freude drückt sich meist durch eine volle, vielleicht etwas dröhnende Stimme aus. Neben diesen allgemeinen, fast auf alle Menschen anwendbaren »Stimmungsklangfarben« verfügt jeder von uns über eine ganz individuelle Stimmschwingung, die so einmalig ist wie ein Fingerabdruck. Über die Stimme eines Menschen klingt uns sein Wesen am unmittelbarsten entgegen. Der Klang einer Stimme berührt uns damit direkt. Denn an der Stimme – selbst wenn wir sie nur über das Telefon hören – nehmen wir wahr, wie nahe uns jemand ist.

Singen

Es klingt banal, ist aber eine unbestreitbare Tatsache, daß Singen eine geradezu wundersame Wirkung auf den Körper und das Gemüt ausübt. Wer selbst singt, erzeugt damit ganz automatisch einen tieferen, volleren Atem und regt dadurch die Durchblutung und andere Körperfunktionen an. Dabei wird aber auch die Stimme geschult und mit der Zeit immer voller und umfangreicher. Das Singen ist im Gegensatz zum bloßen Musikhören etwas Aktives und Kreatives. Mit der Hilfe des Gesangs kann man sogar seinen Gefühlen Ausdruck verleihen. Dabei geht es nicht darum, fröhlich zu singen, wenn man traurig ist. Statt dessen sollte man seine Trauer oder Wehmut mit der Stimme nach außen fließen lassen, um so seinen Gefühlen ein Ventil zu geben.

Bedauerlicherweise gibt es viele Menschen, die sich ihrer eigenen Singstimme schämen – weil sie ihrer Meinung nach nicht perfekt ist – und deshalb darf sie niemand hören. Diesen Menschen läßt sich nur sagen, daß natürlich nicht jeder eine perfekte Singstimme hat, und man seine Stimme nicht mit der eines – über Jahrzehnte hinweg – ausgebildeten Sängers vergleichen darf. Aber wie soll sich die eigene arme Stimme denn überhaupt entwickeln, wenn sie nie ans Licht darf? Ein Kleinkind lernt das Laufen doch auch nicht, indem es anderen nur dabei zusieht, sondern indem es immer wieder selbst übt.

Respektieren Sie ruhig Ihre eigenen Hemmungen, und zwingen Sie sich nicht, vor anderen Leuten laut zu singen, wenn Sie sich dabei absolut nicht wohl in Ihrer Haut fühlen. Es genügt durchaus, wenn Sie erst einmal im stillen Kämmerlein, unter der Dusche oder in der Badewanne, im Auto oder auf einsamen Spaziergängen vor sich hin singen.

Stimmresonanz

Ein wichtiger, aber leider häufig übersehener Faktor beim Sprechen oder Singen ist die richtige Körperhaltung. Deshalb mein Tip: Achten Sie auf Ihre Körperhaltung!

Sie sollten nach Möglichkeit nirgends abgeknickt sein, und auch den Kopf nicht zu sehr nach hinten in den Nacken legen, damit die natürlichen Hohlräume des Körpers – welche die Resonanzräume bilden – nicht abgedämpft werden. Solche Resonanzräume befinden sich im Kopf, in der Brust und im Bauchraum. Bei einer geraden Körperhaltung sind alle Hohlräume miteinander verbunden und bilden zusammen einen einzigen großen Resonanzraum. Ein Cello etwa klingt ja auch nur deshalb, weil es innen hohl ist, und somit einen Klangkörper besitzt.

Nicht nur ein Cello - auch der Körper hat einen Resonanzraum

Dreiklangübung

Versuchen Sie mimimimimimimi ..., memememememememe ... usw. zu singen, wobei Sie zwischen einer hohen, mittleren und tiefen Tonlage variieren.

Versuchen Sie, einen Dreiklang zu finden. Dabei genügt es, wenn Sie den Eindruck haben, daß diese drei Tonlagen harmonisch zueinander passen.

Probieren Sie dies dann auch nur mit den Vokalen aaaaaa-aaaaaa-aaaaaa oder oooooo-ooooo-ooooo, die Sie jeweils hoch, mittel und tief singen. Lassen Sie den letzten Vokal jeweils so lange ausklingen, bis Sie das Gefühl haben, keine Luft mehr in den Lungen zu haben. Anschließend werden Sie dann ganz automatisch besonders tief und fest einatmen.

Diese Übung sollten Sie aber nur bei guter Luft machen – am besten im Freien. Denn Sie entleeren damit viel verbrauchte Restluft aus den Lungen und füllen sie mit frischer Luft auf.

Hinweis:

Bei Sing- und Sprechübungen kann man sich vorstellen, daß die Töne auf einem imaginären Bogen zum Zuhörer oder zu einem fixierten Punkt gelangen. Bei der Übung kann man mit der Hand synchron eine Bogenbewegung machen.

Achten Sie darauf, Ihre Stimme möglichst weit nach vorne zu holen, so als ob sie im Stirnbereich schwingen sollte. Der Stimmsitz ist auch sprach- und dialektabhängig.
Die italienische Sprache zum Beispiel wird weit vorne gesprochen, wogegen bayrisch mehr aus der Kehlkopfgegend kommt.

Stimmspannung

Das Geheimnis einer wohlklingenden Stimme ist das richtige Maß an Spannung.

Denn auch ein Saiteninstrument kann nur dann klingen, wenn die einzelnen Saiten die richtige Spannung haben. Leider verfügen wir Menschen über keinen Muskel, der den Stimmbändern die richtige Spannung verleihen kann. Diese Spannung wird ausschließlich durch die Atemmuskulatur erzeugt, die den Luftstrom reguliert.

Bei zu starker Spannung wird der Luftstrom herausgepreßt, der Druck ist zu hoch, und der einzelne Ton kann nicht richtig klingen. Ist die Spannung

Das Geheimnis einer wohlklingenden Stimme ist das richtige Maß an Spannung

hingegen zu schwach, kommt zuviel Luft mit, die Stimme wird rauschend, und die Luft geht zu schnell aus. Die Spannkraft sitzt im Zwerchfell, der Muskel zum Einatmen steuert das langsame Ausatmen.

Eine kleine Übung zur Stimmspannung

Setzen Sie sich vor eine brennende Kerze. Atmen Sie tief ein und singen Sie ein möglichst langgezogenes aaaaaaaa. Der Luftstrom sollte dabei so gering sein, daß sich die Flamme nicht bewegt. Achten Sie dabei auf die Spannung im Solarplexus.

Der emotionale Aspekt des Atmens

Atmung als Spiegel der Emotionen

Atmen ist weit mehr als nur eine rein körperliche Funktion, die den Organismus immer wieder mit frischem Sauerstoff versorgt. Schon in den frühen Hochkulturen Asiens, Griechenlands, Ägyptens und des Fernen Ostens betrachtete man die Atmung als einen untrennbaren Bestandteil der Seele. Diese Anschauung spiegelt sich auch in dem biblischen Satz »Und Gott hauchte dem Menschen den Odem ein« wider. Mit dem Wort Odem wird dabei der Atem als Lebensenergie verstanden.

In den geistigen Lehren des Ostens (zum Beispiel Buddhismus, Yoga, Meditation, Tao) besitzt die gezielte Schulung des Atems als spiritueller Wegweiser bereits eine tiefe, über Jahrtausende zurückreichende Tradition. Ein ständig wachsendes Interesse an diesen Kulturen hat inzwischen längst dazu geführt, daß man sich auch in den westlichen Ländern intensiver mit den tiefen Zusammenhängen zwischen der Atmung und dem geistigen und körperlichen Wohlbefinden auseinandersetzt. Dies findet seinen Niederschlag vor allem in der therapeutischen Arbeit.

Der Atem ist untrennbar mit unseren Emotionen verbunden und nimmt damit unmittelbaren Einfluß auf das Gefühlsleben. Bereits an der Art, wie wir atmen, lassen sich unsere Stimmungen ablesen. Vor Schreck halten wir den Atem an (der Atem stockt), nach glücklich überstandener Aufregung atmen wir erleichtert auf, bei Freude atmen wir genußvoll und tief. In der Atemtherapie hat man diese Zusammenhänge umgedreht, indem man sagt: Wenn die Emotionen die Atmung beeinflussen können, muß folgerichtig die Änderung des Atems auch einen Einfluß auf die Emotionen haben.

Nehmen wir folgendes Beispiel: In einer beängstigenden oder bedrohlichen Situation wird der Atem vieler Menschen flach, um so nicht mehr die eigene Unsicherheit oder Unruhe spüren zu müssen. Flach zu atmen ist ein bißchen so wie sich tot stellen, die Intensität des Erlebens nimmt ab. Doch gleichzeitig wird durch den flachen Atem auch die gesamte Lebenskraft verringert, und dadurch erscheint die Situation noch viel bedrohlicher. Eine Art Teufelskreis entsteht.

Atem ist Lebenskraft

Da wir nicht gelernt haben, Probleme zu lösen, verhalten wir uns oft instinktiv und versuchen, unangenehmen Situationen aus dem Wege zu gehen. In der Regel möchte jedes Lebewesen Leid vermeiden, das liegt in seiner Natur. Ein ängstlicher Mensch wird sich also vielen Dingen in seinem Leben entziehen oder sie ausklammern, und dadurch wird sein Lebensradius jedoch immer enger. In der Atemtherapie soll der Betreffende zu einem neuen Verständnis der eigenen Ängste beziehungsweise der eigenen Unsicherheit gelangen. Indem die Angstreaktionen in einem geschützten Rahmen zugelassen werden, öffnen wir uns der Angst und den damit verbundenen schlimmsten Befürchtungen. Dabei können wir erfahren, daß sich viele dieser Befürchtungen ganz von selbst auflösen, weil sie sich nun als unbegründet erweisen. Vielleicht gab es eine Zeit, in der sie sinnvoll waren, doch das muß heute nicht mehr stimmen! Oftmals neigen wir dazu, Befürchtungen zu kultivieren, zu rechtfertigen und auf andere (zum Beispiel Partner, Kinder, Freunde und Tiere) zu übertragen.

In der Atemtherapie können wir erfahren, daß uns unser eigener Atem durch alle Lebenssituationen trägt, und daß wir so eine immer größere innere Harmonie und Lebenskraft bekommen. Wenn wir erst einmal gelernt haben, in unserem Atemfluß zu bleiben, wird unser Lebensradius immer größer.

Der Atem ist untrennbar mit unseren Emotionen verbunden

Leid nicht vermeiden

Mit einer erhöhten Lebensenergie lassen sich mehr Ziele verwirklichen, größere Berge besteigen, viele Hürden schneller und leichter überwinden; die Vital- und Abwehrkräfte werden stärker. Um es kurz zu sagen, Sie haben entschieden mehr vom Leben. Doch wenn sich das alles in der Theorie so einfach anhört, weshalb ist es dann in der Praxis so schwierig? Der Grund dafür ist der verständliche Wunsch, jede Art von Leid zu vermeiden. Dieser Wunsch ist in jedem Lebewesen tief verwurzelt. Da wir häufig nicht gelernt haben, Probleme wirklich zu lösen, reagieren wir instinktiv und vermeiden es, uns mit unseren Ängsten und Traumata auseinanderzusetzen, in der vagen Hoffnung, sie dadurch nicht erleben zu müssen. Ähnlich wie der Vogel Strauß seinen Kopf in den Sand steckt, ohne zu überprüfen, ob seine Angst überhaupt begründet ist bzw. welchen Weg es aus dieser Situation gibt, verhalten sich Menschen, die Probleme und Ängste mit allen Mitteln zu vermeiden trachten.

Glück nicht festhalten

Man kann sich das so vorstellen: Bei einem Zimmerbrand, der von der Tür ausgeht, würde man sich vom Feuer immer mehr in eine Ecke drängen lassen, in der Hoffnung, es würde von allein verlöschen. Wichtiger wäre eine Entscheidung zu treffen, um auf dem schnellsten Weg ins Freie zu gelangen. Auf der anderen Seite haben wir immer den Wunsch, das Glück festhalten zu wollen. Wir wollen nicht ständigen Veränderungen unterliegen, sondern wir wollen glücklich sein. Doch dabei übersehen wir, daß das Leben kein statischer Zustand ist, sondern ein sich ständig verändernder und wellenförmig bewegender Prozeß. Sinnvoll ist es, sich ein Ziel zu setzen, das ich als Sonne darstellen möchte, für das es sich auch lohnt, größere Hürden zu überwinden.

Wenn wir immer nur oben auf einer Welle bleiben wollen, müssen wir uns festhalten, können es auf keinen Fall wagen, loszulassen, denn sonst würden wir ja augenblicklich abstürzen. Ein solches Verhalten führt unweigerlich zu einem kraftraubenden Kampf.

Ein solches Verhalten hat zur Folge, daß wir die Zeit, in der wir normalerweise oben auf der Welle sind, nicht mehr wirklich genießen können, um uns dort zu erholen und für neue, anstrengende Zeiten vorbereiten zu können, sondern bereits mit verbrauchter Energie und damit kraftlos auf eine neue Krise zusteuern. Dadurch dauert die Phase der Krise immer länger und führt schließlich in einen ewigen Kreislauf voller Leid, Kampf, Rückschläge und Mißerfolg. In diesem Teufelskreis ist es dann nur noch eine Frage der Zeit, bis wir den letzten Rest Gleichgewicht verlieren und in ein tiefes schwarzes Loch stürzen und dabei von dem Gefühl gequält werden, um einen Großteil des Lebens betrogen worden zu sein.

Nie mehr Angst vor der Angst

Was ist Angst?

Unter Angst versteht man im allgemeinen einen starken emotionalen Gefühlszustand, der dazu dient, Gefahren rechtzeitig wahrzunehmen und möglichst abzuwenden.

Typische körperliche Begleiterscheinung der Angst ist ein erhöhter Adrenalinausstoß, der zu einer Veränderung von Puls, Atmung, Blutdruck, Darm- und Blasentätigkeit, zu Übelkeit, Zittern und Schweißausbrüchen führt.
Jedes Lebewesen kennt Angst. Es stellt sich jedoch die Frage, ob Angst ein nützlicher Instinkt ist, oder ob sie uns nur in unseren Entfaltungsmöglichkeiten einengt? Ist es die Angst, die das Kind von der heißen Herdplatte fernhält, oder ist es sein Bewußtsein? Einsicht und Überlebenstrieb sollten eigentlich ausreichen, um sich nicht unnötig in Gefahr zu bringen.

Da zum Beispiel Schlangen und Spinnen extrem angstauslösend sind, während kaum jemand eine Phobie (griech. phobos = Furcht) vor Straßenverkehr entwickelt, gehen Wissenschaftler inzwischen davon aus, daß Angst eine alte, im Gencode des Menschen verankerte Erbinformation ist.

Als Phobie bezeichnet man im allgemeinen eine extreme, jedoch unangepaßte Angstreaktion auf Dinge, die in Wirklichkeit gar keine reale Gefahr darstellen, wobei sich der Phobiker der Irrationalität seiner geradezu zwanghaften Reaktion durchaus bewußt ist.

Neben den instinktiven Ängsten gibt es noch eine Reihe zivilisationsbedingter Ängste, wie zum Beispiel Entscheidungsangst, Prüfungsangst, Autoritätsangst,

Jeder Mensch durchlebt ganz individuelle Ängste

Erwartungsangst. Ängstlichkeit oder Angstbereitschaft lassen sich dabei skalieren und den verschiedenen Persönlichkeitseigenschaften zuordnen. Bereits seit Anbeginn der Menschheit haben Gelehrte immer wieder Versuche zur Bewältigung oder Verminderung der Angst unternommen. Ihre Erkenntnisse, die sich in Philosophie, Religion oder Magie niederschlugen, konnte die Angst als solche zwar nicht auslöschen, aber zumindest gelang es jedoch, einige Gegenkräfte wie etwa Mut, Zuversicht, Vertrauen, Liebe und Glauben in Gang zu setzen.

Das Durchleben von Ängsten ist ein natürlicher Reifungsprozeß

Angst tritt vor allem immer dann auf, wenn uns etwas Neues, Unbekanntes bevorsteht. In einer solchen Situation können wir nämlich nicht auf abgespeicherte Verhaltensmuster zurückgreifen und somit auch keine alten Erfahrungswerte heranziehen. Die so entstehende Unsicherheit ist der ideale Nährboden für unsere Ängste.

Gleichermaßen ist jeder Entwicklungsschritt mit Angst verbunden; das Durchleben der Angst ist gewissermaßen ein wichtiger Teil des natürlichen Reifungsprozesses. Jedes Alter hat seine Reifeprüfungen mit den dazugehörigen Ängsten. Deshalb wird Angst ein lebenslanger Begleiter sein. Da sie nicht überwunden oder besiegt werden kann, ist es nützlich zu lernen, mit ihr umzugehen.

Angst als Ritual

Rüdiger Dahlke beschreibt in seinem Buch *Lebenskrisen als Entwicklungschancen* ein Pubertätsritual der australischen Ureinwohner, in welchem Jugendliche ihre Todesangst durchleben müssen. Den Jugendlichen wird dort schon lange vor Erreichen der Pubertät erzählt, daß ihnen beim Übergang in die Erwachsenenwelt von wilden Dämonen das Fleisch von den Knochen gerissen würde, und sie auf diese Weise sterben müßten. Wenn dann die Zeit gekommen ist, werden sie in einer dunklen Neumondnacht von den Männern des Stammes entführt und mit verbundenen Augen in den Wald verschleppt. Dort müssen sie alleine ihr eigenes Grab schaufeln. Zum Abschied wird ihnen noch mitgeteilt, daß sie die nach ihrem Fleisch gierenden Dämonen an ihrem schrecklichen Geheul erkennen werden. Die Jungen liegen alleine – und wahrscheinlich auch zitternd vor Angst – in ihren Gräbern und können nichts anderes tun als den Geräuschen der Wildnis um sie herum zu lauschen. Langsam kommen die

»Entführer« als Dämonen verkleidet wieder zurück und erschrecken die Jugendlichen mit unmenschlichem Geheul auf eigens dafür gebauten Instrumenten. Erst im Morgengrauen, wenn die Panik der Jugendlichen ihren Höhepunkt erreicht hat, verschwinden die Peiniger und kommen dann wenig später unverkleidet zurück, um die Jugendlichen aus ihren Erdgefängnissen zu befreien. Später am Lagerfeuer wird der Tod des Jugendlichen und die Geburt des Mannes gefeiert.

Bei oberflächlicher Betrachtung mag dieses Ritual grausam erscheinen, doch wenn man es sich ein wenig genauer ansieht, entdeckt man darin doch eine tiefere Wirksamkeit. Der Jugendliche ist in dieser Schreckensnacht an seinen Ängsten gereift. In unserer modernen Gesellschaft gibt es keine derartigen Initiationen, die den Halbwüchsigen die Gelegenheit bieten, an ihrem Mut zu reifen und so dann auch ihren Platz in der Gemeinschaft zu finden. Jedoch gerade Jugendliche scheinen von dem starken Wunsch beseelt zu sein, sich in Mutproben, so durch nächtliche Autorennen, S-Bahn-Surfen, Motorradfahren, Horrorfilme und dergleichen mehr, zu messen und ihrer Angst zu begegnen. Dies hat leider häufig schreckliche Folgen.

Die individuelle Angst

Bei allen Betrachtungen über die Angst sollte man sich stets vor Augen halten, daß es nicht eine einzige Art von Angst gibt, sondern daß jeder Mensch seine ganz individuellen Ängste durchlebt. Jede Form der Furcht hat eine ganz persönliche Entwicklungsgeschichte, deren Ursprung häufig vor der Geburt, noch im Mutterleib liegt.

Sie wird aber auch durch den jeweiligen Kulturkreis, durch Erziehung und Umwelt geprägt und beeinflußt. Mit dem Augenblick der Geburt ist jeder einzelne von uns seinen Ängsten ausgeliefert und muß dann lernen, mit ihnen umzugehen.

Mit dem Augenblick der Geburt ist jeder seinen Ängsten ausgeliefert

Am leichtesten nachzuvollziehen ist sicherlich die Furcht eines kleinen Kindes, das mitten in der Nacht aufwacht und lauthals schreit, weil es von einem bösen Traum oder einfach von der Dunkelheit erschreckt wird, aber niemand kommt, der es tröstet oder seine Ängste zerstreut.

Ein anderes Extrem stellen überbesorgte Eltern dar, die ihre eigenen Ängste solange auf ihr Kind übertragen, bis es selbst völlig davon besessen ist. Ein besonders mutiger Mensch kann aus einem solchen Kind kaum werden. Selbstverständlich kann es auch nicht ohne Folgen bleiben, wenn Kinder Angstsituationen durchleben müssen, für die sie schon rein altersmäßig überhaupt noch nicht gefeit sein können. Damit wird klar erkennbar, daß all unsere Ängste eine Geschichte haben. Häufig finden wir also in unserer Kindheit den Schlüssel zu einer Vielzahl unserer ureigenen Ängste. Da wir jedoch überwiegend nur unsere eigene Furcht kennen, fehlt es uns häufig an dem nötigen Verständnis für andere Menschen, die vor etwas Angst haben, das uns selbst überhaupt nicht berührt. Während beispielsweise die einen in Panik ausbrechen, wenn sie nur ans Alleinsein denken, bekommen andere es mit der Angst zu tun, wenn man sich ihnen zu sehr nähert. Ein Phänomen unserer modernen Gesellschaft ist sicherlich die Angst vor engen Räumen (Fahrstühle, kleine Zimmer, Höhlen), vor besonders großen, kleinen oder unbekannten Tieren, aber auch vor größeren Menschenansammlungen in Kaufhäusern, auf Volksfesten, in Stadtzentren, auf Versammlungen oder in öffentlichen Verkehrsmitteln.

Es fehlt uns häufig am Verständnis für Menschen die unter Ängsten leiden

Angst lähmt den Körper

Angst wirkt doppelt auf den Körper. Einerseits löst sie eine erhöhte Hormonausschüttung aus und setzt damit ein gewaltiges Energiepotential frei, aber andererseits wirkt sie auf den gesamten Organismus lähmend. Sahen sich unsere Vorfahren in der Steinzeit irgendeiner unbekannten Gefahr ausgesetzt, konnten sie regungslos verharren – und dabei im wahrsten Sinne des Wortes die Luft anhalten, damit sie von der ausgemachten Gefahrenquelle nicht aufgespürt werden konnten. Sie konnten aber auch loslaufen und mit aller Kraft angreifen – oder fliehen. Weil das Gefühl von Angst als äußerst unangenehm empfunden wird, versuchen wir ihm im allgemeinen, so gut es geht, aus dem Weg zu gehen. Oftmals nehmen wir lieber einen größeren Umweg in Kauf, als eine eventuelle Konfrontation mit dem großen Hund direkt vor uns auf der Straße zu riskieren. Statt einer vernünftigen Vorsicht, die dabei helfen könnte, die Situation richtig zu beurteilen, machen wir uns lieber zu Sklaven unserer eigenen Ängste.

Auf einer anderen Ebene steht Angst im Zusammenhang mit dem Erreichen einer neuen Entwicklungsstufe. Der Eintritt in den Kindergarten, in die Schule,

Der Eintritt in einen neuen Lebensabschnitt ist immer ein bedeutender Schritt

ins Berufsleben, in die Selbständigkeit sind jeweils bedeutsame Abschnitte im Leben, die sicherlich erst einmal verunsichernd und beängstigend wirken können. Das ist jedesmal der Sprung ins berühmte kalte Wasser. Alles Bekannte, Vertraute muß aufgegeben werden, und ob das Neue dann tatsächlich besser sein wird, läßt sich noch nicht erkennen. Aber die Erfahrung zeigt, daß jede durchlebte Furcht uns gestärkt und mutiger gemacht hat. Gleichzeitig wirkt sich alles als schwächend aus, was wir tun, um Ängste zu vermeiden. Wie viele unglückliche Beziehungen werden nur deshalb nicht beendet, weil man Angst vor dem dann zu erwartenden Alleinsein hat? Wäre es möglich, sich selbst mit vollkommener Klarheit zu beurteilen und zu erkennen, wie oft man etwas tut oder nicht tut, nur weil man seinen Ängsten aus dem Weg gehen möchte, wäre das Leben auf jeden Fall interessanter. Unser Verstand geht dabei häufig so trickreich vor, daß wir dies Verhaltensmuster meist gar nicht bewußt miterleben. Wir entwickeln geradezu eine Meisterschaft darin, Ausreden und Argumente zu finden, die uns erst gar nicht in Angstsituationen kommen lassen. Lieber jetzt nicht nach der längst fälligen Gehaltserhöhung beim Chef fragen, denn momentan ist die Auftragslage durch die Wirtschaftslage ohnehin angespannt. Oder, lieber nicht die Stellung wechseln, das ist sicherer, auch wenn man sich eigentlich schon längst beruflich verändern möchte. Eine Rechtfertigung ist immer leicht zu finden, wenn man nur energisch genug nach ihr sucht. Es gibt jedoch einen schönen Satz, der da heißt: Rechtfertigungen sind Schnuller für den Verstand! Damit ist nichts anderes gemeint, als daß wir uns häufig den Anschein der Vernunft geben, uns aber in Wirklichkeit nur vor dem Neuen, Unbekannten fürchten, ohne es offen zuzugeben. Doch Angst kann äußerst unangenehm werden, wenn man sich ihr nicht stellt. Sie verschwindet schließlich nicht einfach im Nichts, sondern lauert uns hinter jeder »Entscheidungsecke« wieder auf; und je öfter wir ihr ausweichen, desto häufiger werden wir mit beängstigenden Situationen konfrontiert, die uns und unseren Bewegungsradius immer stärker einengen und beschränken. Nicht bewältigte Ängste haben also die Tendenz, sich an Ersatzobjekte zu heften, immer stärker zu werden und die Lebenskraft Stück für Stück zu reduzieren. Dadurch nimmt die Furcht dann tatsächlich bedrohliche Dimensionen an. Im Extremfall kann dies so weit führen, daß sich jemand vor lauter Angst nicht einmal mehr aus dem Hause traut, oder den eigenen Keller nicht mehr wagt zu betreten, weil er sich sonst eventuell unbekannten Gefahren und Risiken aussetzen müßte, denen er sich nicht mehr gewachsen fühlt.

Nur wenn wir uns unserer eigenen Angst vor dem Tod bewußt werden, können wir auch die Ängste und Nöte eines Sterbenden begreifen

Die eigene Angst wird dann zu einem grausamen Gefängnis, dessen Mauern immer enger werden. Doch Achtung! Ein jeder von uns hat sein eigenes Angstgefängnis, nur daß es bei dem einen eben geradezu ein Palast ist, der genügend Bewegungsfreiheit zuläßt, und bei dem anderen nur eine winzig enge Zelle, in der man sich kaum ausstrecken kann.

Die Angst vor dem Tod

Sicherlich eine der schlimmsten Ängste ist die Angst vor dem Sterben. Aber wir haben wahrhaft meisterlich gelernt, damit klar zu kommen – wir verdrängen sie so lange es geht. Die meisten Religionen, die ja alle von Menschen begründet worden sind, beschäftigen sich besonders intensiv mit der Frage: Was geschieht eigentlich nach dem Leben? Doch bieten sie damit nicht geradezu eine wunderbare Möglichkeit, sich hinter ihren Lösungen zu verstecken, statt sich seinen eigenen Ängsten zu stellen?

Wer denkt schon wirklich gründlich darüber nach, daß er eines Tages sterben muß und setzt sich mit seiner Angst davor auseinander? Ist es nicht vielmehr so, daß viele Sterbende deshalb allein gelassen oder abgeschoben werden, damit man sich nicht mit seiner eigenen Todesangst beschäftigen muß?

Nur wenn wir uns unserer eigenen Angst vor dem Tod bewußt werden, können wir auch die Ängste und Nöte eines Sterbenden begreifen. Halten Sie sich doch dessen Leid und Angst vor unkontrollierbaren Schmerzen einmal ganz eindringlich vor Augen, seine Furcht vor Abhängigkeit, seine Sorge vor dem Verlust der eigenen Würde und die alles überschattende Frage, ob das gesamte vergangene Leben einen Sinn hatte. Tod bedeutet die Trennung von all den Menschen und Dingen, die einem lieb und teuer sind. Der Gedanke, niemals wieder einen Frühling in all seiner verschwenderischen Pracht genießen zu können, niemals mehr den Duft einer Blume riechen zu können und nie mehr die wärmenden Sonnenstrahlen auf der Haut zu spüren, die Angst, die Kontrolle zu verlieren und die Sorge, daß nahestehende Personen nun allein zurechtkommen müssen, hat in der Tat etwas Beängstigendes – finden Sie nicht auch? Doch am schlimmsten ist wohl die Angst vor all diesen Ängsten, die immer mehr Macht über uns zu gewinnen scheint, je stärker wir uns bemühen, ihr zu entkommen. Einem todkranken oder sterbenden Menschen ist unermeßlich geholfen, wenn er mit seinen quälenden Ängsten nicht völlig allein gelassen wird, und gleichzeitig erfährt derjenige, der ihm in diesen schweren Stunden beisteht, eine ganz neue Dimension von Mitgefühl und geistigem Wachstum zu wahrer Menschlichkeit.

Die Formen der Angst

Nach dem bekannten Psychoanalytiker Fritz Riemann gibt es vier Grundformen der Angst. Alle nur erdenklich möglichen Ängste lassen sich seiner Ansicht nach auf diese Grundformen zurückführen. Sie sind dann Varianten dieser Grundformen oder Projektionen auf andere Objekte.

Die vier Grundformen der Angst nach Fritz Riemann:

1. Die Angst vor der Selbstwerdung
2. Die Angst vor Selbsthingabe
3. Die Angst vor Notwendigkeit
4. Die Angst vor Wandel

1. Angst vor Selbstwerdung

Der Mensch ist auf die Gesellschaft anderer Lebewesen angewiesen. Ganz allein kann er kaum existieren. Durch die Zugehörigkeit zu einer Familie, Gemeinde, Nation, Religion, durch Bildung, Wohnort, Arbeit, Mitgliedschaft in einem Verein oder in einer Partei entsteht das Gefühl von Gemeinschaft. Trotzdem sind wir es unserer Auffassung von Würde schuldig, uns abzugrenzen, uns zu einer eigenständigen Persönlichkeit zu entwickeln, um nicht in einer auswechselbaren Masse von Menschen zu verschwinden.

Wir halten uns alle gern für ganz besonders individuell, meinen damit aber in den meisten Fällen nur unseren persönlichen Geschmack in puncto Mode, Auto, Wohnungseinrichtung und so weiter. Dieser wird uns jedoch meist, ohne daß wir es wahrnehmen, von Industrie und Werbung eingegeben. Tatsächlich ganz individuell sein, sich selbst sein mit allen damit möglicherweise verbundenen Konsequenzen, birgt die Gefahr, von der Gemeinschaft abgelehnt oder sogar ausgestoßen zu werden. Die Folgen eines solchen Ausschlusses wären dann unweigerlich die gefürchtete Einsamkeit, die durch den Wegfall der Gruppe entstünde.

Wir halten uns alle gern für ganz besonders individuell, meinen damit aber in den meisten Fällen nur unseren persönlichen Geschmack

Es ist mutig, Dinge zu Schaffen, von denen man nicht weiß, wie lange sie existieren werden

2. Angst vor Selbsthingabe

Der gegenteilige Aspekt der Angst vor Abgrenzung ist die Furcht, in Nähe zu sein. In der Regel sind wir ständig in Kontakt mit anderen Menschen, wie etwa beim Einkaufen und Arbeiten. Doch bei nahezu allen zwischenmenschlichen Umgangsformen achten wir auf einen gewissen Abstand und verstecken uns hinter einer Rolle. Wir zeigen unserer Umwelt nur die Seiten von uns, die wir für akzeptabel halten. Es ist jedoch nur dann möglich, wirklich mit jemanden in Kontakt zu kommen, wenn wir uns nicht mehr hinter irgendwelchen Fassaden verstecken. Wären wir offen, dann würden wir unsere Verwundbarkeit preisgeben – das macht Angst.

Genau aus dieser Furcht heraus zögern wir beispielsweise auch so lange, den Vorgesetzten auf die fällige Gehaltserhöhung anzusprechen. Was könnte jedoch im schlimmsten Fall geschehen, außer daß der Chef unsere Forderung ablehnen könnte, und wir das gleiche Gehalt wie bisher bekommen würden?

Doch vor der Wunde, die uns diese Niederlage schlagen würde, fürchten wir uns mehr als vor dem möglichen Ergebnis. In einigen extremen Fällen geht die Angst vor Zurückweisung, Verletzung, Abhängigkeit und Ohnmacht so weit, daß überhaupt keine Beziehungen zu anderen Menschen mehr möglich sind.

3. Angst vor Notwendigkeit

In diesem Leben gibt es niemals Gewißheit. Das Haus, das ich heute mit so viel Liebe und Hingabe errichte, kann bereits morgen einer Naturkatastrophe zum Opfer fallen. Zwar sagt uns immer der Verstand, daß alles vergänglich ist, dennoch richten wir häufig unser gesamtes Leben so ein, als würde es ewig dauern. Zweifellos gehört schon eine ganze Portion Mut dazu, Dinge zu schaffen, ohne wissen zu können, wie lange sie existieren werden. Damit ist jedoch nicht gemeint, man solle sich einreden, daß es schon immer so weitergehen wird.

4. Angst vor Wandel

Ein anderer Aspekt, der Angst verursacht, ist die Notwendigkeit des Loslassens und sich dem Kreislauf des ewigen Wandels zu unterwerfen. Niemand kann zweimal in dem selben Fluß baden, denn sowohl das Wasser als auch die Person sind nicht mehr gleich. Nichts ist beständig – Jugend und Schönheit vergehen, Blumen verblühen -, denn alle Lebewesen auf dieser Welt sind nun einmal sterblich. Man sagt, in der Hülle eines jeden alten Menschen steckt ein junger, der sich wundert, was mit ihm geschehen ist. Wandlungen sind oft mit Angst verbunden, weil es kein Zurück mehr gibt. Der letzte Schultag, der Auszug aus dem Elternhaus, der letzte Arbeitstag – dies stellt immer einen Abschied von einer vertrauten Situation dar. Alles was danach kommt, liegt noch im dunklen und macht deshalb angst. Häufig hängen wir an Dingen, Gegenständen und Lebensumständen, von denen wir uns auf gar keinen Fall trennen wollen. Doch jeder Versuch des Festhaltens ist vergeblich. Der natürliche Lauf der Dinge kann nicht aufgehalten oder konserviert werden. Versuchen wir es dennoch mit aller Gewalt, kann daraus letztlich nur Leid und Erstarrung entstehen.

Vom Umgang mit der Angst

Es gibt unzählige Situationen oder Objekte, vor denen Menschen Furcht haben.

Doch unabhängig davon, daß jeder vor etwas anderem Angst hat, und die Angst auch unterschiedlich stark ausgeprägt ist, so gleichen sich doch die körperlichen Empfindungen bei Angst. Bei leichter Angst klopft das Herz schneller, die Hände werden feucht oder kalt, und unsere Sinne sind besonders geschärft.

Hat jemand aber beispielsweise Prüfungsangst, fühlt er sich im schlimmsten Fall so blockiert, daß er nicht einmal mehr die einfachsten Fragen verstehen kann. In besonderen Extremfällen kann sich die Angst zu einem regelrechten Panikanfall steigern. Die Kehle etwa ist wie zugeschnürt, und man glaubt kaum noch atmen oder schlucken zu können; das Herz scheint so zu pochen, als würde es aus der Brust herausspringen wollen, und es kommt einem so vor, als würde durch die Adern kein Blut, sondern flüssiges Blei strömen.

Egal wie stark die Angst ist, wer gerade von ihr befallen ist, empfindet sich seiner Furcht völlig schutzlos ausgeliefert und hat das Gefühl von Isolation und unendlicher Einsamkeit.

Bislang existiert weder ein wirksames Medikament gegen Angst, noch kann man auf irgendwelche Tricks zurückgreifen, um sie zu besiegen. Alle auf dem Markt erhältlichen Produkte der Pharmaindustrie, die Linderung versprechen, können die Angst als solche nicht bekämpfen, sondern dämpfen oder überdecken lediglich die körperlichen Symptome. Die einzig wirkungsvolle Strategie im Kampf gegen die Angst stellt niemals die Angstvermeidung dar. Wer es

Die wirkungsvollste Strategie gegen Angst ist die Konfrontation mit Angstsituationen

jedoch wagt, sich seinen Ängsten zu stellen, hat den ersten Schritt getan, um sie zumindest ins Bewußtsein zu holen. Auch wenn es einen unangenehm berühren mag, so ist ein Eingehen auf die Angst doch heilsam. Wissenschaftler haben bei Versuchen mit Krebs- und Aids-Patienten folgendes herausgefunden: Nach einem Fallschirmsprung, bei dem jeder Neuling eine große Angstschwelle überwinden muß, und deshalb der Körper seinen Ausstoß an Immunabwehrstoffen bis zum Maximum steigert, waren anschließend die körpereigenen Abwehrstoffe erheblich angestiegen.

Übungen für Angstsituationen

■ Nehmen Sie sich doch einfach einmal etwas Zeit, ein Stück Papier und einen Stift und schreiben sich dann alles auf, was Ihnen Angst bereitet. Anschließend bewerten Sie alle von Ihnen aufgelisteten Punkte nach den unterschiedlichen Stärkegraden von eins bis zehn. Ordnen Sie dann Ihre Liste nach den Stärkegraden, beginnend mit der leichtesten Angst. Machen Sie sich danach anfangs erst einmal über die leichten Ängste, später auch über die stärkeren, folgende Gedanken:

Angstschwellen lassen sich überwinden

Woher könnte die Angst kommen?

▶ Wie und wo werden Sie in Ihrem Leben durch diese Angst beeinträchtigt, beziehungsweise was können/müssen Sie alles tun/nicht tun, um diese Angst zu haben?

▶ Was müßte geschehen, um diese Angst aufzulösen.

Wenn Ihnen eine Idee gekommen ist, wie Sie eine Angstsituation auflösen könnten, dann machen Sie sich einen Plan für die nächsten drei Wochen, um diese Idee in die Tat umzusetzen.

■ Holen Sie sich eine Decke und legen Sie sich bequem auf den Boden. Stellen Sie sich nun eine Situation vor, die Ihnen angst macht. Visualisieren Sie das Geschehen so bildhaft wie nur möglich. Wenn sich Angstsymptome einstellen, machen Sie die Übung richtig. Weichen Sie nicht aus, bleiben Sie mit den Gedanken in der Situation und beobachten Sie gleichzeitig Ihre Empfindungen. Wie ist der Atem, wie ist der Herzschlag, wie hoch ist die Körpertemperatur, sind die Hände feucht?

Bewerten Sie dieses Gefühl nicht, versuchen Sie auch nicht, es loszuwerden, sondern beobachten Sie es voller Neugier. Was macht die Angst noch alles mit mir? Bekommen Sie mit der Zeit ein vertrautes Gefühl zu diesen Körpersensationen. Erst wenn Sie Ihre Furcht eine Weile deutlich gespürt haben, sollten Sie damit beginnen, erste Gegenmaßnahmen zu ergreifen. Dazu legen Sie am besten eine Hand auf den Bauch und die andere auf das klopfende Herz, dann beginnen Sie so tief und so voll wie nur irgend möglich zu atmen.

Bemühen Sie sich darum, mit jedem Atemzug ein kleines bißchen dieser Angstenergie auszuatmen. Konzentrieren Sie sich mit Ihren Gedanken nur noch auf Ihre Körperempfindungen. Versuchen Sie so genau wie möglich mitzuerleben, wie Ihr Angstgefühl langsam aber stetig nachläßt und sich schließlich aufzulösen beginnt.

Mit dieser Übung stärken Sie Ihr Selbstvertrauen und erleben das Gefühl, daß jede Furcht auch wieder aufhört.

■ Überlegen Sie sich eine Situation, die Ihnen angst macht, wobei Sie die Intensität variieren können. Wenn Sie Angst vor Spinnen haben, können Sie sich einer Spinne bis auf fünf Meter, auf ein Meter oder zehn Zentimeter nähern. Bei Angst und Unsicherheit im Zusammenhang mit fremden Menschen kann es schon genügen, eine fremde Person nach der Uhrzeit zu fragen. Sie können das steigern, indem Sie in eine Parfümerie gehen und eine möglichst unfreundlich aussehende Verkäuferin nach ein paar Gratisproben fragen. Wenn Sie Angst vor der Höhe haben, suchen Sie sich ein Hochhaus, und probieren Sie, in welchem Stockwerk es Ihnen angst bereitet, aus dem Fenster oder vom Balkon hinunterzublicken. Wichtig dabei ist: Zwingen Sie sich zu nichts; es geht nicht darum, sich nur zu überwinden. Ganz im Gegenteil, seien Sie so achtsam wie möglich mit sich, und bestimmen Sie selbst, wie lange Sie sich den Angstgefühlen ausliefern wollen und können. Es geht immer wieder darum, das Vertrauen zu bekommen, daß die Gefühle der Furcht irgendwann nicht mehr unaushaltbar sind, und dann irgendwann wieder abklingen. Sie können Ihren Herzschlag und Ihre Körpertemperatur nicht beeinflussen, doch gewöhnen Sie sich an, bei Angstsymptomen so ruhig wie möglich zu atmen.

■ Nutzen Sie die Situationen des Alltags zum Üben. Immer wenn Sie mit einer Angstsituation konfrontiert werden, sehen Sie darin auch eine Chance, mit sich selbst in intensiveren Kontakt zu kommen. Greifen Sie jedoch nicht zu Zigaretten und anderen Beruhigungsmitteln. Angenommen, Sie nehmen an einer beruflichen Fortbildung teil und jeder Teilnehmer muß sich den anderen vorstellen: Verwenden Sie die Zeit, bis Sie an der Reihe sind dazu, sich selbst zu beobachten, anstelle sich zu überlegen, was Sie dann sagen werden. Das gleiche gilt, wenn Sie zu Ihrem Vorgesetzten gerufen werden. Achten Sie immer wieder auf Ihre Angst, widmen Sie ihr all Ihre Aufmerksamkeit.

■ Planen Sie eine Aktion, zu der Sie wirklich viel Mut brauchen. Das kann ein Tandem-Fallschirmsprung sein, eine Nacht allein im Wald, oder auch nur eine Rede anläßlich einer Familienfeier. Bereiten Sie sich ausgiebig darauf vor und stellen Sie sich die Situation immer wieder im voraus vor, mit allen eventuell auftretenden Angstgefühlen. Machen Sie den ruhigen Atem zu Ihrem Verankerungspunkt. Wenn Sie gelernt haben, daß Sie selbst in den schlimmsten Momenten zumindest ruhig atmen können, wird das Ihnen immer etwas mehr Halt geben; es kann sogar sein, daß Sie Freude und Gefallen daran bekommen.

Streß und Burn-out-Syndrom

Wie entsteht Streß?

Streß ist ein Wort aus dem englischen Sprachgebrauch und bedeutet soviel wie Druck, Belastung oder Spannung. Aus medizinischer Sicht ist Streß ein Zustand des Organismus, der durch einige ganz spezifische Symptome gekennzeichnet ist, wie etwa der vermehrten Ausschüttung ganz bestimmter Hormone, einer Erhöhung des Blutdrucks oder auch starker Muskelanspannung. Die Auslöser von Streß sind äußerst vielfältig und bestehen meist aus völlig unspezifischen Reizen wie etwa Lärm, Leistungsdruck, Angst, Freude, Ärger, Trauer und Unsicherheit. Streß repräsentiert dabei die Fähigkeit des Körpers, sich auf eine erhöhte Belastung einzustellen. Dies ist eigentlich eine ganz wunderbare Einrichtung der Schöpfung, die der Sicherung des Überlebens dient. Bedauerlicherweise hat sich dieser ursprüngliche Überlebensmechanismus jedoch nicht im gleichen Maße weiterentwickelt, wie sich die Lebensumstände des modernen Menschen verändert haben. Mit der durch Streß hervorgerufenen, vermehrten Energie im Körper können wir schnell weglaufen oder angreifen. Statt dessen sind wir jedoch in aller Regel dazu gezwungen, mit völlig verkrampften Muskeln, schlecht durchblutetem Magen und einem viel zu hohen Puls irgendwo ruhig zu sitzen oder zu stehen. Damit müssen wir aber gegen unsere Natur handeln. Es ist unschwer nachvollziehbar, daß ein derartiges Verhalten auf Dauer zu einer Schädigung des Organismus führen muß. Streß ist nicht, wie allgemein irrtümlich angenommen, etwas was außerhalb von uns erzeugt wird.

Ständiger Streß schwächt das Immunsystem

Denn nicht etwa das Ereignis als solches läßt Streß entstehen, sondern die Tatsache, daß wir uns über dieses Ereignis aufregen. So regt sich der eine bereits fürchterlich über einen kleinen Kratzer an seinem Auto auf und empfindet dies als ein schlimmes Ereignis, während ein anderer sich davon überhaupt nicht aus der Ruhe bringen läßt. Streß ist also etwas sehr Individuelles und hängt stark von dem Temperament, der Sensibilität und der Weltanschauung des einzelnen ab.

Die Auswirkung von Streß

In unserer modernen Gesellschaft stoßen wir ständig an die Grenzen unserer Belastbarkeit

Alle Menschen sind unterschiedlich belastbar. Was der eine kaum zu bewältigen vermag, schafft ein anderer ohne jedes Problem. Streß wird auch definiert als Ansammlung von mehr oder minder gewöhnlichen Belastungen des täglichen Lebens, welche die Fähigkeit des Individuums, diese zu bewältigen, auf die Probe stellt. In unserer modernen Gesellschaft kommen wir ständig an die Grenzen unserer Belastbarkeit. Deshalb erzeugt der Organismus auch dauernd eine erhöhte Anpassungsenergie. Wenn diese Energie vom Körper jedoch nicht ausagiert werden kann, weil wir meist Streß ohne körperliche Reaktionen über uns ergehen lassen müssen, laufen diese Funktionen ins Leere. Die angespannten Muskeln, der erhöhte Puls und die ausgeschütteten Hormone belasten den eigenen Organismus mehr als sie ihn schützen. Es ist also beinahe so, als würden wir bei unserem Auto im Leerlauf ständig Vollgas geben. Nach einer Streßreaktion kann es lange dauern, bis der Körper wieder zu seinem physiologischen Gleichgewicht zurückfindet. Wenn sich solche Streßsituationen ständig wiederholen, kann der Körper irgendwann einmal nicht mehr in seine natürliche Ausgewogenheit zurückfinden.

Bei den im wahrsten Sinne des Wortes aus der Ruhe gebrachten Körperfunktionen besteht die Gefahr, daß es dann zwangsläufig zu einer dauerhaften Funktionsstörung kommt. Ein solches Leiden kann beispielsweise zu hohem Blutdruck, einer hormonellen Störung oder einem überempfindlichen Magen – manchmal auch zu einem Magengeschwür – führen.

Burn-out-Syndrom

Burn-out (deutsch: ausbrennen) ist in den vergangenen Jahrzehnten zu einem Schlagwort unserer modernen Gesellschaft geworden und bezieht sich auf einen durch Dauerstreß verursachten Erschöpfungszustand des Körpers, der Gefühle und der gesamten Einstellung zum Leben.

Besonders gefährdet durch das Burn-out-Syndrom sind vor allem Menschen, die sich stark in sozialen und helfenden Berufen engagieren. Dazu zählen Alleinerziehende, Ärzte, Psychologen, Priester, aber auch Manager, Facharbeiter oder Künstler. Letztlich ist keine Person oder Berufsgruppe gegen dieses schleichende Syndrom gefeit. Die physischen Beschwerden des »Ausbrennens« reichen von Kopfschmerzen, Müdigkeit, Schlaflosigkeit, Verdauungsbeschwerden, Atemnot bis zur unerwünschten Gewichtsveränderung. In der Regel schwanken vom Burn-out-Syndrom befallene Menschen ständig zwischen Langeweile, unerklärlicher Rastlosigkeit, hektischer Aktivität und dem Gefühl der Stagnation. Da sie zu keiner Ausgewogenheit mehr finden können, werden sie immer leichter reizbar und sind unfähig zu loben oder den eigenen Erfolg gebührend zu genießen. Professor Heinrich Jüptner hat beim 2. Deutschen Rebirthingkongress das Burn-out-Syndrom als einen längerfristigen Prozeß mit verschiedenen Stadien bezeichnet.

Stadien des Burn-out-Syndroms

- Warnsymptome der Anfangsphase: vermehrtes Engagement für Ziele und gleichzeitig erste Anzeichen von Erschöpfung.
- Immer geringer werdendes Engagement für Kunden, Patienten, Klienten und andere Menschen sowie ein allgemeines Nachlassen des Arbeitseifers.
- Heftige emotionale Reaktionen in Form von Depressionen beziehungsweise Aggressionen.
- Schleichender Abbau der gesamten kognitiven Leistungsfähigkeit, der persönlichen Motivation und der Kreativität.
- Zunehmende Verflachung sowohl des sozialen als auch des geistig emotionalen Lebens.
- Das Auftreten psychosomatischer Reaktionen, wie zum Beispiel Magenleiden, Kopfschmerzen, Allergien.
- Ein Stadium größter Verzweiflung.

Ständiger Streß kann sogar tödlich sein. Vor einiger Zeit wurde in einer aufsehenerregenden Studie sogar festgestellt, daß andauernder Streß die Produktion der körpereigenen Abwehrzellen vermindert. Damit können Infektionen und andere Krankheiten nicht mehr

Die physischen Beschwerden des »Ausbrennens« reichen von Kopfschmerzen, Müdigkeit, Schlaflosigkeit, Verdauungsbeschwerden, Atemnot bis zur unerwünschten Gewichtsveränderung

vom Immunsystem abgewehrt werden und finden in dem so geschwächten Körper einen geradezu idealen Nährboden. Je stärker die Belastung ist und um so länger sie andauert, desto stärker wird das Immunsystem geschwächt. Als Folge davon kann sich sowohl Krebs als auch jede andere schwere Immunerkrankung bilden. Prof. Heinrich Jüptner zeigt in folgendem Diagramm die Zusammenhänge zwischen Burn-out und Gesundheit auf und schlägt gleichzeitig Möglichkeiten zu einer Systemkorrektur vor.

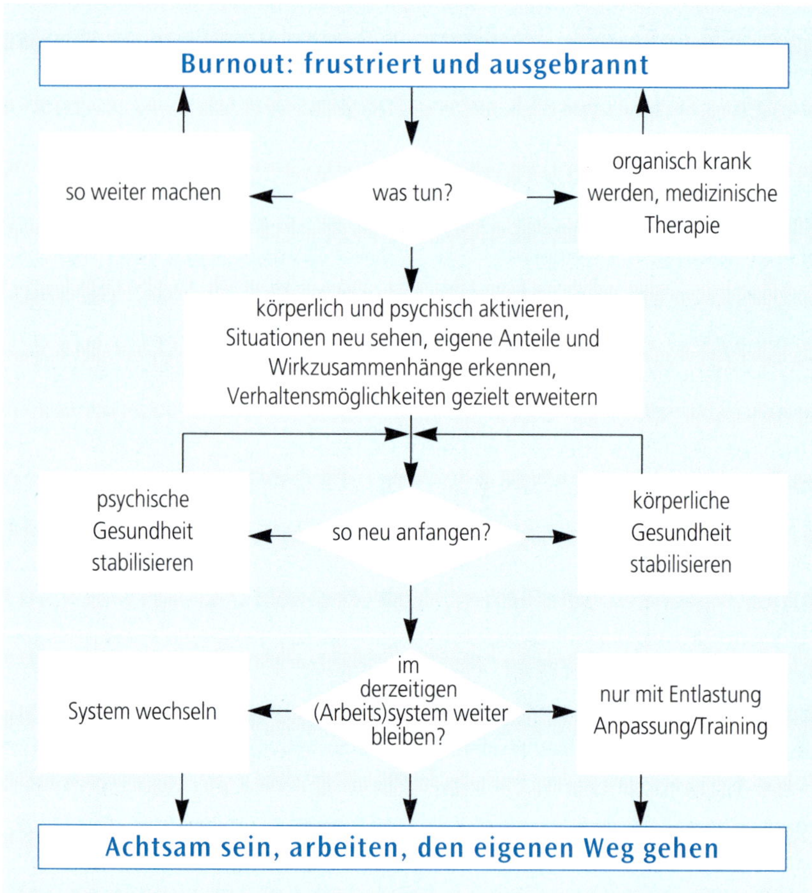

Sind Streß und Burn-out-Syndrom Symptome unserer Zeit?

Das Leben in unserer modernen Zivilisation wird immer komplizierter, schneller und auch undurchschaubarer. Dabei sollte man doch eigentlich glauben, daß es immer einfacher, bequemer und entlastender wird. Technische Hilfsmittel wie beispielsweise Waschmaschine, Staubsauger, Telefon und Computer sollten uns doch den Alltag erleichtern, doch das genaue Gegenteil ist der Fall. Wir leben in einer turbulenten, von Höchstgeschwindigkeiten geprägten Welt und sind ständig in Aktion. Längst haben wir uns daran gewöhnt, mehrere Dinge gleichzeitig zu erledigen, um Zeit zu sparen. Früher, als es noch keine Waschmaschinen gab, und die Wäsche am speziellen Waschtag anstrengend mit den Händen gerubbelt und geschrubbt werden mußte, galt diese Tätigkeit noch als vollwertige Arbeit. Heute ist Wäschewaschen hingegen nur noch etwas, das so ganz nebenbei geschieht. Trotzdem wollen wir ständig frische, duftende, saubere und tadellos gebügelte Kleidung tragen. Wann aber sollen wir das neben all unseren anderen Pflichten überhaupt bewerkstelligen?

Beinahe jede als Erleichterung gedachte Neuerung bringt eigentlich auch eine Verkomplizierung mit sich, doch dies vergessen wir leider nur allzu häufig. Unvorstellbar sind inzwischen längst die Zeiten, als man sich noch mit einer schwerfälligen Schreibmaschine und Korrekturtaste quälen mußte, um seine Schreibarbeiten zu erledigen. Heute stehen uns dafür immer leistungsfähigere Computer mit den unterschiedlichsten Textverarbeitungsprogrammen zur Verfügung. Wir können zwischen Hunderten von Schriftarten und Größeneinstellungen wählen, um das Layout eines einfachen Briefes möglichst perfekt zu gestalten, und später können wir ihn dann so oft ausdrucken, wie wir möchten. Sicher, die körperlichen Anstrengungen nehmen ständig ab, doch die Ansprüche an Leistung und Perfektion steigen kontinuierlich – sei es nun beim Sport, beim Lernen oder bei der Arbeit – und ein Ende dieser Entwicklung ist nicht abzusehen. Zu dem wachsenden Druck einer ständigen Leistungssteigerung gesellt sich zunehmender Lärm, der immer dichter werdende Verkehr mit seinen nahezu täglichen Staus sowie eine massive Reiz- und Informationsüberflutung durch die Medien. Wer heute noch ohne ISDN, Handy, FAX, Internet und Kabel-

Wir leben in einer turbulenten, von Höchstgeschwindigkeiten geprägten Welt und sind ständig in Aktion

fernsehen auszukommen glaubt, gilt bei seinen Mitmenschen schon als hoffnungslos unmodern oder sogar als weltfremd.

Das Rad der Zeit dreht sich immer schneller, Entwicklungszyklen werden immer kürzer – Tendenz weiterhin steigend. Es wäre jedoch sicher nicht richtig zu behaupten, unsere Lebensumstände seien dafür verantwortlich, und früher habe es keinen Streß gegeben. Heute bedarf es allerdings einer um ein Vielfaches erhöhten Aufmerksamkeit, um nicht in den starken Sog von Streß und Burn-out-Syndrom zu geraten.

Wir wünschen uns ständig Anerkennung und Aufmerksamkeit

Gefahrenquellen für Streß

Erwartungsdruck

Der Druck, dem wir uns von außen durch die Gesellschaft ausgesetzt fühlen, ist weit weniger gefährlich als der, den wir uns selbst erzeugen. Wer in unserer Leistungsgesellschaft ist schon mit der Grundeinstellung erzogen worden, wertvoll zu sein, so wie er ist? Sitzt nicht bei uns allen ein kleiner Dämon irgendwo im Kopf, der uns einredet, daß wir uns unseren eigenen Wert vor allem über Besitz und Leistung definieren können? Durch immer größeren Fleiß und immer stärkere Anpassung an die Norm versuchen wir, uns Anerkennung und Aufmerksamkeit zu verdienen. Die Kleidung soll immer tadellos aussehen und dem neuesten Modetrend entsprechen. Die Wohnung muß sauber und aufgeräumt sein, das Auto glänzend, der Rasen ordentlich gemäht, die Fingernägel frisch lackiert, die Haare gewaschen. Diese Reihe ließe sich endlos fortsetzen.

In nahezu allen Zeitschriften und Fernsehsendungen werden uns ununterbrochen Idealbilder und Rollenklischees von ewig jungen, strahlenden, attraktiven, dynamischen, erfolgreichen und glücklichen Menschen vorgegaukelt, die mit größter Leichtigkeit all das schaffen, wovon der normale Durchschnittsmensch noch nicht einmal zu träumen wagt.

Überlastung

Die meisten Menschen befinden sich in einer Lebenssituation eingespannt, in der sie permanent überfordert sind. Sie müssen täglich funktionieren wie Maschinen, weil die eigene Existenz, die Familie, die Firma oder andere Menschen von ihrem einwandfreien Funktionieren abhängig sind. Auch hier sind wieder vor allem jene Menschengruppen betroffen, die in Sozial- und Pflegeberufen mit meist nur geringer Anerkennung und Bezahlung tätig sind. Aber auch Tätigkeiten mit ständig zunehmender technischer Komplexität können überfordern – und natürlich nicht zu vergessen die vielen Frauen mit ihrer Mehrfachbelastung durch Beruf und Haushalt. Doch nicht nur ständige geistige und körperliche Anstrengung sowie dauernder Zeitmangel sind belastend, sondern auch die große Flut an emotionalen Ereignissen wie etwa Scheidung, der Tod eines uns nahestehenden Menschen, Krankheit, Verlust von Geld und Arbeitsplatz. Dabei ist die Angst vor einem dieser Ereignisse oft belastender als die Realität.

Selbstflucht

Ein oft übersehener, aber ganz wesentlicher Streßfaktor ist auch die Flucht vor einer wirklichen Auseinandersetzung mit sich selbst. In solchen Fällen erscheinen die davon Betroffenen regelrecht arbeitssüchtig, sind ununterbrochen unterwegs und in Aktion, und das alles nur, weil sie die Auseinandersetzung mit der eigenen Person scheuen. Der Griff zum Telefonhörer, der Fernbedienung oder zum Computer wird zur Gewohnheit, bevor Gefühle wie Leere, Ratlosigkeit oder Sinnlosigkeit sich überhaupt einen Weg ins Bewußtsein bahnen können. Die Freizeitindustrie scheint es besonders auf diese Menschen abgesehen zu haben und verspricht ihnen mit immer neuen Erfindungen und künstlichen Stimulationen (zum Beispiel Bungeespringen, Paragleiten oder Cyberspace) Ablenkung und Zerstreuung. Die Sehnsucht nach intensivem Erleben wird inzwischen bereits an jeder Straßenecke aufgegriffen und gewinnbringend vermarktet, und wie bei anderen Süchten in immer stärkeren Dosierungen verabreicht. Da das Angebot immer größer wird, steigt auch die Gefahr, sich in diesen Scheinwelten zu verlieren. Jemand, der nicht mehr mit sich selbst in Kontakt ist, kann innerlich ausbrennen, ohne dabei vorher irgendwelche Streßsymptome wahrgenommen zu haben.

Die Freizeitindustrie verspricht mit immer neuen Erfindungen Ablenkung und Zerstreuung

Brauchen wir Streß?

Es gibt eine ganze Reihe Menschen, die behaupten, ein gewisses Maß an Streß zu brauchen, um sich selbst besser motivieren zu können. Ja, es soll sogar Leute geben, die die Hektik lieben, ständig klingelnde Telefone, starken schwarzen Kaffee, volle Aschenbecher, Chaos auf dem Schreibtisch, Termindruck und dabei ständig das Gefühl, »unter Strom« zu stehen. Ich möchte auch gar nicht bestreiten, daß jemand unter solchen Umständen in kurzer Zeit wesentlich mehr leisten kann als unter ganz normalen Bedingungen, aber ob das auf längere Sicht gesehen auch gesund ist, wage ich doch ganz entschieden zu verneinen. Vielmehr erscheint mir ein solches Verhalten als Selbstzerstörung auf Raten. Guten oder gar gesunden Streß gibt es nämlich überhaupt nicht, denn wie bereits erwähnt, sind Streßreaktionen eine erhöhte Energieausschüttung des Organismus, um sich einer außergewöhnlichen Situation anpassen zu können. Wird der Organismus nun ständig in diesen erhöhten Energiemodus gezwungen, nur um immer noch mehr Leistung aus sich herauszupressen, ist dies nichts als Raubbau am eigenen Körper und führt irgendwann zur Selbstzerstörung. Ein Motor, der immer nur auf Hochtouren läuft, hat eine kürzere Lebensdauer als ein Motor, der vernünftig betrieben wird. Mit dem menschlichen Organismus verhält es sich nicht anders. Die Leistungsfähigkeit eines Menschen, der sich nicht ständig unter Druck setzen läßt, ist dauerhafter und höher.

Streßreaktionen sind mit einer erhöhten Energieausschüttung des Organismus verbunden

Vom Umgang mit Streß

Natürlich gibt es auch stressige Lebenssituationen, in denen eine Besserung der Zustände nicht einmal in Sicht ist. Alleinerziehende, Eltern von behinderten Kindern oder Menschen, die einen kranken Familienangehörigen pflegen: Sie alle können nirgendwo hingehen und sagen: »Helft mir, ich bin völlig überfordert und kann einfach nicht mehr.« Oder etwa doch? Opfert sich eine Person buchstäblich für die Familie auf, während es sich die anderen gutgehen lassen? Diese Person sollte nicht den Helden spielen, sondern Familienangehörige, Verwandte, Freunde, Bekannte oder Nachbarn mit ihrer Situation konfrontieren und um Hilfe bitten. Dieser Schritt erfordert sicherlich eine ganze Menge Überwindung. Doch viele Menschen helfen gern, sie benötigen nur einen kleinen Anstoß.

Man sollte also keine kostbare Zeit vergeuden und darauf warten, bis jemand Hilfe anbietet. Sicher, es gehört schon einiger Mut dazu, einen anderen um Hilfe zu bitten, denn der könnte ja eventuell nein sagen. Möglicherweise hat man Angst, seinerseits jemandem zur Last zu fallen. Doch man sollte sich immer wieder vor Augen halten, daß man sich bei ständiger Überanstrengung selbst zerstört.

Nehmen Sie sich selbst genauso wichtig wie Sie andere nehmen, um die Sie sich sorgen. Nutzen Sie die Möglichkeit, sich Freiräume zu schaffen und legen sich lieber einmal eine Stunde in ein wohltuendes Schaumbad, anstatt in der Wohnung Staub zu saugen oder die Garage aufzuräumen. Erlauben Sie es sich, nicht ganz so perfekt zu sein wie die anderen. Lernen Sie, auch einmal nein zu sagen, wenn Ihnen jemand mehr aufladen möchte als Sie tragen können oder wollen. Wieviel Streß könnte sich jeder von uns ersparen, wenn er nur seine Ansprüche an sich selbst ein klein wenig reduzieren würde. Nach einem langen und anstrengenden Arbeitstag ein aufwendiges Fünf-Gänge-Menü für acht Personen zu zaubern, und dann beim Eintreffen der Gäste auch noch frisch und entspannt zu sein, ist so gut wie unmöglich. Doch wir tun gerne so, als ob uns das alles überhaupt nichts ausmachen würde. Damit üben wir auf unsere Mitmenschen unbewußt Druck aus, es mindestens genauso perfekt zu machen, vielleicht sogar noch eine Steigerung zu erreichen. Dabei kommt es dann vor, daß selbst ein Zusammensein mit guten Freunden zu einem Konkurrenzkampf ausartet, und die eigentlich angestrebte Entspannung auf der Strecke bleibt. Orientieren Sie sich nicht an den anderen. Klar, schaffen manche mehr, und manche schaffen weniger. Was zählt, ist Ihre Befindlichkeit, ob Sie sich gesund, ausgeschlafen und gelassen fühlen oder nervös, überdreht und gleichzeitig müde sind. Achtsamkeit und körperliche Sensibilität sind wichtig, um drohende Überforderung frühzeitig erkennen und gegenzusteuern zu können.

Nehmen Sie sich selbst genauso wichtig wie andere

Übungen bei Streß

■ Nehmen Sie sich Papier und Bleistift und schreiben dann einfach auf, wie viele Stunden Pflichtaktivitäten sich durchschnittlich innerhalb einer Woche ansammeln.

Zum Beispiel: 40 Stunden Arbeit, 5 Stunden Fahrzeit, 7 Stunden Körperpflege, 4 Stunden Einkaufen, 10 Stunden Haus- und Gartenarbeit, 14 Stunden Mahlzeiten zubereiten und zu sich nehmen. Fügen Sie dieser Auflistung die durchschnittlichen Stunden Schlaf hinzu und rechnen Sie sich dann aus, wie viele Stunden Ihnen noch zur freien Disposition bleiben. Seien Sie ruhig ein wenig geizig mit diesen Stunden, und verplanen Sie nicht mehr als die Hälfte davon für Freizeitaktivitäten. Gönnen Sie sich in der anderen Hälfte Ihrer Freizeit einfach den Luxus des Nichtstuns. Warum sich nicht einfach faul auf dem Wohnzimmersofa oder der Gartenliege entspannen, ein gutes Buch lesen oder aus dem Fenster hinaus sehen? Nichts zu tun, ist eine hohe Kunst, mit der viele Menschen große Probleme haben, weil wir uns einreden, daß die Zeit, in der wir nichts tun, eine geradezu unverzeihliche Verschwendung wäre. Üben Sie jeden Tag für mindestens zehn Minuten überhaupt nichts zu tun.

Gönnen Sie sich in Ihrer Freizeit den Luxus des Nichtstuns

■ In einer Streßsituation sind die Energien im Körper wie durcheinander gewirbelt. Die Gedanken hüpfen wie wilde Affen von Ast zu Ast, die Körpermotorik und -koordination wird zunehmend fahrig. Atmung und Puls sind schnell aber ungleichmäßig. Wir machen beispielsweise zweimal hintereinander die Kühlschranktür auf, obwohl wir die benötigte Zuckerdose im Hängeschrank darüber aufbewahren und wenn wir nicht richtig greifen, fällt uns die Zuckerdose auch noch aus der Hand, und der Inhalt verteilt sich über den sauberen Boden. In solch einer Situation ist folgende Übung eine wirksame Sofortmaßnahme: Klopfen Sie sich mit den Fingern der rechten Hand auf die Brust, knapp unterhalb des Halses – dort sitzt die Thymusdrüse. Klopfen Sie in dem schnellen Rhythmus, der Ihrer momentanen Aufgebrachtheit entspricht. Konzentrieren und bündeln Sie Ihre Energie auf dieses Klopfen und beobachten Sie dabei Ihren Atem. Lassen Sie nun das Klopfen und auch den Atem immer langsamer werden, atmen Sie tiefer in den Bauch und entspannter. Am Schluß wird das Klopfen zu einem sanften Massieren oder Streicheln. Sagen Sie einige Male hintereinander im stillen zu sich: Ich bin in Ruhe. Legen Sie Ihre Hand auf Ihr Herz und beruhigen Sie es, wie Sie es mit einem Baby tun würden. Es ist nicht so abwegig, mit dem eigenen Herzen zu sprechen; mit den eigenen Gedanken sprechen wir ja auch dauernd selbst.

■ Wenn Sie sich am Ende eines langen Tages ausgebrannt und erschöpft fühlen, können Sie sich mit einem Feuer etwas Gutes tun. Am besten ist es, wenn Sie im Garten oder in der Natur ein kleines Feuer machen können. Falls das nicht möglich ist, weil Sie in der Stadt wohnen, können Sie sich auch mit Kerzen behelfen. Sie müssen gar nichts Besonderes tun: nur vor dem Feuer sitzen und in die Flammen schauen. Das Feuer reinigt den Energiekörper ganz von al-

Wechselatmung

Setzen Sie sich aufrecht auf einen Stuhl oder auf den Boden. Verschließen Sie die rechte Nasenöffnung mit dem Daumen der rechten Hand. Atmen Sie durch die linke Nasenöffnung langsam, gleichmäßig und geräuschlos ein. Verschließen Sie die linke Nasenöffnung mit Ihrem Ringfinger und dem kleinen Finger, öffnen Sie gleichzeitig die rechte Nasenöffnung und atmen Sie geräuschlos, langsam und vollständig durch die rechte Nasenöffnung aus. Atmen Sie jetzt durch die rechte Nasenöffnung langsam, gleichmäßig und geräuschlos ein und verschließen Sie mit dem Daumen die rechte Nasenöffnung, öffnen Sie gleichzeitig die linke Nasenöffnung und atmen Sie geräuschlos, langsam und vollständig durch die linke Nasenöffnung aus. Wiederholen Sie diese Übung noch zweimal und atmen Sie verbunden, das heißt ohne Pausen.

Wir erweitern jetzt die Grundübung mit einer Pause zwischen Ein- und Ausatmung nach dem Schlüssel 1.4.2. Dieser Schlüssel, eine Einheit Einatmung, vier Einheiten Pause und zwei Einheiten Ausatmung ist zentral im Pranayama.

Gründe für diesen Schlüssel sind:

- daß durch das längere Ausatmen mehr Kohlendioxid als in der Regel üblich abgeatmet wird. Dies ist bei Pranayama-Atemübungen von großer Bedeutung. Wird das Kohlendioxid schlecht abgeatmet, kann dies die Ursache von Erkrankungen sein;
- daß durch die Pausen mehr Sauerstoff in den Körper aufgenommen werden kann;
- daß die Leistungsfähigkeit der Atemmuskulatur vergrößert wird;
- daß durch das Anhalten die Kundalini Shakti erhitzt wird, und sie dadurch aufsteigen kann.

Das eigentliche Ziel von Pranayama-Übungen ist es, die Kundalinikraft zu erwecken. Doch es muß darauf hingewiesen werden, daß es sich hier um Feuertechniken handelt und daß als Voraussetzung das Atmen in der wäßrigen Qualität als erstes integriert sein muß. Die folgende Übung beginnen wir mit zwei Sekunden Einatmung, acht Sekunden Pause und vier Sekunden Ausatmung. Arbeiten Sie mit diesem Rhythmus die ersten sechs Monate,und steigern Sie dann auf vier Sekunden Einatmung, 16 Sekunden Pause und vier Sekunden Ausatmung. Wenn dadurch Ihre Lebensfreude, Lebenskraft und Zuversicht gesteigert wird, verlängern Sie die Zeit in dieser Weise langsam und beständig. Das Verhältnis soll dabei immer 1:4:2 bleiben. Wenn dieses Pranayama in 12:48 und 24 Sekunden ausgeführt wird, nennt man es die leichtere Art von Pranayama. Wird es in 24:96 und 48 Sekunden ausgeführt, nennt man es das mittlere Pranayama, und bei 36:144 und 72 Sekunden wird es als höchste Art von Pranayama bezeichnet. Doch bitte üben Sie sich in Geduld bei dieser Übung, denn nur wer geduldig ist, wird die Früchte ernten und ist weise.

Übung: Wechselatmung mit Pausen

- Verschließen Sie die rechte Nasenöffnung mit dem Daumen der rechten Hand und atmen Sie durch das linke Nasenloch ein, und zählen Sie dabei langsam bis zwei.
- Halten Sie die Luft an, indem Sie noch das linke Nasenloch mit dem Ringfinger und dem kleinen Finger verschließen, und zählen Sie bis acht.
- Atmen Sie durch das rechte Nasenloch aus, indem Sie den Daumen von der rechten Nasenseite etwas entfernen, und zählen Sie dabei bis vier.
- Atmen Sie ohne Pause durch das rechte Nasenloch ein, indem Sie das linke verschlossen halten, und zählen Sie bis zwei.
- Halten Sie den Atem an, indem Sie noch das rechte Nasenloch mit dem Daumen verschließen, und zählen Sie bis acht.
- Atmen Sie durch das linke Nasenloch aus, indem Sie den Ringfinger und kleinen Finger etwas von der linken Nasenseite entfernen, und zählen Sie bis vier.

Wiederholen Sie diese Übung anfangs noch zweimal und steigern Sie sich langsam auf zehn Runden.

Beobachten Sie am Schluß der Übung Ihre Atmung. Sie können dabei feststellen, daß oft ein Nasenloch offener ist als das andere und daß nach ein bis zwei Stunden die andere Seite offener wird.

Wenn Sie das Zeitmaß in dieser Übung steigern wollen, seien Sie achtsam und lassen Sie sich Zeit. Es geht hier nicht darum, eine Atemmaschine zu werden, sondern Sie sollen ganz behutsam diese Feuertechnik erlernen, um damit Ihr persönliches Energiepotential zu vergrößern beziehungsweise die Kundalinikraft zu erwecken. Gewöhnen Sie sich ruhig zuerst

lein. Diese Übung ist sehr einfach und wirkungsvoll.

Sinn für Sinnlichkeit

Gerade in den letzten Jahren wird in den klassischen spirituellen Schulen das menschliche Bedürfnis als die Wurzel allen Übels angeprangert. Die Lehrer halten ihre Schüler unaufhörlich dazu an, ihren Geist von all diesen verwerflichen Fehlern zu reinigen. Das natürliche Begehren nach Erfolg, Sex, Geld sowie allen anderen emotionalen und materiellen Befriedigungen sollen Sie den Rücken kehren und diese langsam durch so edle Eigenschaften wie Weisheit und selbstlose Liebe ersetzen. Frei nach dem Slogan: Wenn ich nur immer schön die Gebote befolge, dann komme ich auf jeden Fall ins Paradies.

Die Praxis des Tantra tritt diesem spirituellen Fanatismus mutig entgegen, indem sie lehrt, daß das Hier und Jetzt der Himmel sei, und die Menschen selbst die Götter und Göttinnen.

Was ist Tantra?

Die Lehre (Philosophie) des Tantras beruht auf dem universellen Prinzip der Energieumwandlung, in dem das Verlangen als unerschöpfliche Quelle für die Suche nach Erkenntnis und Ganzheit verstanden wird. Die Erfahrung grenzenlosen Überflusses führt zur Erleuchtung.

Verlangen ist nichts anderes als eine natürliche Reaktion unserer Sinnesorgane. Man bekommt plötzlich Lust darauf, etwas zu trinken, zu essen, anzusehen oder zu berühren. Aber bei genauerer Betrachtung stellt man fest, das eigentlich alle Aktivitäten nichts anderes als der Ausdruck des Verlangens sind: Der Wunsch nach Liebe, Sicherheit, Wissen, Erfolg und Anerkennung wäre ohne dieses Verlangen absolut undenkbar.

Die Lehre des Tantra benutzt Wünsche als Quelle für Befreiung und Wachstum

Das Tantra verurteilt nicht die Wünsche, sondern greift sie vielmehr in positiver Weise auf und benutzt sie dann als Quelle für Befreiung und Wachstum. In der tantrischen Betrachtungsweise besteht das gesamte Universum aus Energie. Dabei erstarrt es jedoch nicht, sondern ist nach bestimmten zyklisch wiederkehrenden Mustern einem ständigen Wandel unterworfen. Da der Mensch ein Teil dieses Universums ist, unterliegt auch er diesen periodischen Veränderungen. So läßt sich sagen, daß die Tatsache, ob jemand beispielsweise Erfolg hat oder nicht, reich oder arm, krank oder gesund ist, nur davon abhängt, ob er sich mit emotionalen, physischen oder geistigen Energien im Gleichklang befindet.

Der Mensch muß mit seiner persönlichen Reife, seinem Temperament, seinen Bedürfnissen und spezifischen Verhaltensmustern als ein außergewöhnlich komplexes Wesen angesehen werden.

Hinweis:
Vergessen Sie für kurze Zeit alle Tagesaktivitäten. Eine warme Dusche und bequeme Kleidung hilft Ihnen zusätzlich, sich in eine angenehm ruhige und entspannte Stimmung zu versetzen.

Tantra und bewußtes Atmen

Ebenso wie bei fast allen Dingen, sind auch beim Liebesspiel die Sinne häufig durch einen wahren Schwall von Gedanken überflutet und blockiert. Die nachfolgende Übung soll Ihnen dabei helfen, sich von lästigen oder störenden Gedanken zu befreien und sich ungezwungen Ihren Empfindungen hinzugeben.

■ Setzen Sie sich bequem auf einen Stuhl oder eine am Boden ausgebreitete Decke und schließen Sie Ihre Augen. Richten Sie dann Ihre ganze Aufmerksamkeit auf das, was in Ihnen gerade vorgeht (siehe Meditation). Lassen Sie Ihren Gedanken völlig freien Lauf und versuchen Sie nicht, ihnen zu folgen, sondern beobachten Sie sie einfach mit distanziertem Interesse. Wenn Sie diese Übung die ersten Male machen, dann werden Sie wahrscheinlich das Gefühl haben, als würde der Kopf unaufhörlich mit Gedanken überflutet werden. Das ist völlig in Ordnung, und braucht Sie in keiner Weise zu beunruhigen.

■ Wenn Sie Ihre Gedanken eine Weile beobachtet haben, richten Sie Ihre Aufmerksamkeit auf Ihren Atem. Erspüren Sie, wie die Luft beim Einatmen durch Ihre Nase langsam in den Körper transportiert wird und die erwärmte Luft beim Ausatmen durch die Nase entweicht. Atmen Sie dabei ruhig und bewußt.

Wenn Sie Ihre Aufmerksamkeit auch nur für einen winzigen Moment abschweifen lassen, werden Sie merken, wie sich die Gedanken wieder in den Vordergrund drängen. Gleichzeitig verflacht unbewußt Ihr Atem. Sobald Sie merken, daß dies geschieht, genügt es, wenn Sie einfach wieder Ihre Aufmerksamkeit auf das Atmen lenken.

■ Wiederholen Sie diese Übung so lange und so oft, bis Sie den Unterschied zwischen unbewußtem und bewußtem

Atmen so verinnerlicht haben, daß selbst der unaufhörliche Gedankenstrom Sie nicht mehr aus der Ruhe bringen kann.

Sexuelles Atmen

Das sexuelle Atmen ist eine elementare Grundtechnik, um das sexuelle Empfinden zu verstärken. Mit seiner Hilfe können Sie Ihre Empfindungen verstärken und so durch den ganzen Körper strömen lassen. Bewußte Körperlichkeit, die sich nicht hinter Ängsten und anerzogenen Komplexen zu verstecken braucht, kann vollkommen neu erlebt und entdeckt werden.

■ Legen Sie sich auf dem Bett oder dem Boden bequem auf den Rücken, lassen Sie dabei Ihre Hände sanft auf Ihrem Genitalbereich ruhen. Schließen Sie Ihre Augen und entspannen Sie sich.

■ Öffnen Sie Ihren Mund, als wollten Sie pfeifen, und atmen dann leicht, aber tief durch den Mund ein. Entspannen Sie Kiefer und Lippen langsam und lassen Sie die Luft wieder durch den Mund entweichen. Atmen Sie so lange bewußt auf diese Weise, bis sich Ihr Atemrhythmus ganz allmählich auf diese Atmungsweise umgestellt hat. Geben Sie sich dabei ruhig Ihren eigenen lustvollen Vorstellungen hin. Das hilft Ihnen bei der Entspannung.

■ Wenn Sie das Gefühl haben, völlig locker und entspannt zu sein, verbinden Sie das sexuelle Atmen mit dem rhythmischen Öffnen und Schließen Ihrer Beckenmuskulatur (einatmen – anspannen, ausatmen – entspannen usw.). Sie werden bald merken, wie einfach es fällt, den Atem und die Beckenmuskulatur in Einklang zu bringen. Ihre Hände sollten weiterhin auf Ihrem Genitalbereich liegen. Diese Übung sollte mindestens fünf Minuten dauern.

■ Beginnen Sie nun langsam damit, Ihre rechte Hand – in der Mitte des Körpers – parallel zum Atemfluß vom Genitalbereich bis zur Stirn wandern zu lassen. Machen Sie danach eine kleine Pause von etwa 8 –12 Sekunden, bevor Sie mit der rechten Hand wieder langsam und sanft zu den Genitalien abwärts streifen. Dieser Vorgang soll die »innere Flöte« aktivieren.

■ Visualisieren Sie, wie beim Einatmen die Luft durch Ihre Genitalien in Ihren Körper eingesogen und die sexuelle Energie durch die innere Flöte und die sieben Chakren bis zur Stirn aufsteigt und beim Ausatmen wieder langsam verläßt. Machen Sie diese Übung etwa fünf Minuten lang.

Rebirthing – eine ganzheitliche Atemtherapie

Wie Leonard Orr die wirkungsvolle Atemmethode entdeckte

Die Geschichte von Rebirthing ist gleichzeitig auch die Geschichte von Leonard Orr

Die Geschichte von Rebirthing ist gleichzeitig auch die Geschichte von Leonard Orr. Dabei ranken sich um seine Person ebenso viele, oftmals recht abenteuerliche Erzählungen, wie über andere bedeutende Männer und Frauen, zum Beispiel Alexandra David-Neel, Madame Blavadsky, Mutter Theresa, Georg Iwanowitsch Gurdiijeff, Rudolf Steiner, den Grafen von Saint Germain oder Cagliostro.

Die Mythen, die sich um diese Menschen bildeten, rühren sicherlich daher, daß Menschen, die mit ihnen zusammentrafen, von diesen Begegnungen oftmals tief berührt waren. Für die einen ist Leonard Orr einfach nur ein Verrückter, während er von anderen als Genie gefeiert wird, da das Rebirthing so einfach, ja geradezu simpel und dennoch so überaus wirkungsvoll ist.

Leonard Orr wurde als ungewolltes Kind – weil seine Mutter nach drei Kindern keine weiteren mehr haben wollte – in der Kleinstadt Walton in USA geboren. Bei der Geburt hatte er die Nabelschnur dreimal um den Hals geschlungen, und interpretierte dies später so, daß er sich bereits im Mutterleib das Leben nehmen wollte. Orr sagte dazu: »Das nahm ich in mir auf, und weil ich ein liebendes Wesen war, wollte ich sie dadurch zufriedenstellen, daß ich mich selbst tötete. Also unternahm ich den Versuch, mich mit der Nabelschnur zu erhängen. Allerdings ohne Erfolg! Mein Lebenswille war offensichtlich größer als mein Todeswunsch. Aber ich war nun mal zu dem Schluß gekommen, daß ich mich selbst töten müßte, um meiner Mutter zu gefallen.« Das flitzt dann im Unterbewußtsein umher und er meinte: »Immer wenn du Liebe empfindest, bist du unsicher.«

»Auf diese Weise wurden Liebe und Tod für mich untrennbar verbunden.« (Albery)

Bereits ab seinem zweiten Lebensjahr begann Orr somit ständig von zu Hause wegzulaufen. Seine Geschwister mußten ihn fast jeden Tag suchen und wieder nach Hause zurückbringen. Als Teenager fühlte er sich von einer so starken Todessehnsucht getrieben, daß er schließlich sogar einen Selbstmordversuch unternahm, der jedoch fehlschlug.

Die Entdeckung von Rebirthing

Nach seinem abgeschlossenen Volkswirtschaftsstudium war er zunächst als Verkäufer tätig. Während seiner Freizeit verbrachte er viel Zeit in der Badewanne, las dabei Schriften über neue Verkaufstechniken und experimentierte gleichzeitig mit seinem Atem. Bei einem dieser Experimente hatte er geburtsähnliche Erlebnisse, die er wenig später bei einem seiner Vorträge über spirituelle Psychologie erwähnte. Das Interesse nach solchen »Geburtserfahrungen« war damals enorm.

Er erzählte den Leuten, daß sie in die Badewanne gehen sollten, bis sie den »Impuls« in sich spüren, die Wanne zu verlassen – aber dann noch eine halbe oder ganze Stunde in der Wanne bleiben. Er bezeichnete diesen Impuls als »Dringlichkeitsbarriere«. Das war der Anfang der Rebirthingbewegung, der darin bestand, in der Badewanne zu sitzen und so lange zu meditieren, bis sich die Dringlichkeitsbarriere einstellte, um dann anschließend zu atmen und zu meditieren.

Später kam Orr dann auf den Gedanken, seine Sitzungen in einem Hot top (Holzzuber) abzuhalten, und sowohl Schnorchel als auch Nasenklemme dabei zu benutzen. Er sagte zu diesen Erfahrungen: »Als ich die Menschen in das Wasser ließ, waren sie geborgen wie in einer Gebärmutter und sie gingen augenblicklich zur eigenen Geburt und auch zum vorgeburtlichen Bewußtsein zurück. Sie hatten eigentlich keine Erinnerungen, sie gingen in ein psychisch / körperliches Stadium zurück. Es war ein komplettes spirituelles, mentales und körperliches Erlebnis. Die Menschen hatten einen kompletten Energiekreis, der ein integratives Heilerlebnis war. Ich blieb bei diesen Menschen, bis sie Frieden fühlten. Und sie erlebten einen Frieden, der jedes Verstehen übertraf.« (aus: *Geschichte von Rebirthing*)

Im Jahre 1974 kaufte Leonard Orr in San Francisco/USA ein 30-Zimmer-Haus und errichtete dort das erste Rebirthingzentrum. Von hier aus entwickelte er die Rebirthingtechnik immer weiter. Dabei entdeckte er schließlich auch, daß die Arbeit mit der Atmung die tiefen Erfahrungen während des Rebirthingprozesses überhaupt erst ermöglichten. Deshalb begann er mit dem Rebirthing im Trockenen, das heißt auf dem Boden liegend und nannte es dann Trockenrebirthing. Parallel dazu entwickelte er ein einjähriges Seminar und bildete Rebirther aus.

Die außergewöhnliche Lebenshaltung Orrs

Leonard Orr gilt als einer der Pioniere innerhalb der New-Age-Bewegung und über seine Sturm- und Drangzeit gibt es die wildesten Geschichten, die sich häufig nur schwer begreifen lassen.

Wer sich vollkommen um sich selbst kümmert kann heil werden

Dr. Karl Raab, ehemaliger Geschäftsführer der Deutschen Gesellschaft für Rebirthing e.V., vergleicht Leonard Orr mit japanischen Zenmeistern und ihren Koans (Koans sind kurze Lehrsätze, über deren Inhalt die Schüler manchmal ein Leben lang meditieren), deren Handeln ebenfalls für Außenstehende kaum nachvollziehbar war.

So war er beispielsweise dafür bekannt, daß er mit seinen Ausbildungsgruppen kreuz und quer durch die Vereinigten Staaten reiste, um während dieser Zeit für mehrere Tage Gefängnisse aufzusuchen. Dort rebirthte er dann die Gefängnisdirektoren, und seine Auszubildenden rebirthten zu lebenslangen Haftstrafen verurteilte Gefangene. Ein anderes Mal, während einer Ausbildungsphase in New York, USA, forderte er seine Auszubildenden auf, eine Prostituierte zu rebirthen und sie anschließend dafür auch noch zu bezahlen.

Ich selbst war mit ihm 1986 in Tibet, und wir suchten dort nach einem großen heiligen Guru namens Babaji. Als wir bereits einige Stunden von unserem Hotel entfernt waren und eine Höhe von 6500 Metern erreicht hatten, erklärte ich ihm, daß wir nun umkehren müßten, da es bereits in einer knappen Stunde dunkel werde und unsere Ausrüstung für Nachtmärsche vollkommen unzureichend sei. Er drehte sich jedoch nur zu mir um und sagte: »Kehre ruhig um, und wenn ich innerhalb der nächsten drei Tage nicht wieder zurück bin, dann bringe meine restlichen Sachen meiner Frau.« Wütend über diese Unvernunft machte ich mich auf den Rückweg. Noch am späten Abend (ca. 23 Uhr) desselben Tages kam er strahlend zurück und erzählte mir, daß er einen großen See gefunden habe, der keinen Zu- beziehungsweise Abfluß besitze und daß er darin gebadet habe. Von einheimischen Tibetern erfuhr ich wenig später, daß dies ein heiliger See war, der sehr viel Glück bringen soll.

Als ich 1992 sechs Wochen lang mit ihm durch Deutschland reiste, kam während eines Wochenendseminars eine Frau auf mich zu und erzählte mir, daß sie für Leonard Orr vor zehn Jahren in Deutschland ebenfalls Seminare organisiert habe. Damals, so berichtete sie, hatten sie ein großes Feuer gemacht, und jeder Gruppenteilnehmer konnte sich ein bestimmtes Fabelwesen in den Flammen des Feuers wünschen. Alle Gruppenteilnehmer konnten dann dieses Fabelwesen erkennen und erfahren.

Es ließen sich noch viele Geschichten um Leonard Orr aneinanderreihen. Doch das Wichtigste, das ich persönlich von ihm lernte, war, sich vollkommen um sich selbst zu kümmern. Das bedeutet, alles ganz konsequent zu tun, denn nur auf diese Weise kann man heil sein oder heil werden.

Man kann anderen Menschen erst wirklich etwas geben, wenn man selbst völlig voll und damit im Überfluß ist. Sicherlich kennen viele Menschen den Satz: Dein Körper ist ein Tempel Gottes. Leonard Orr gehört zu den Personen, die danach leben. Er hält seinen Körper rein, indem er seinen Energiekörper reinigt oder heilt ihn mit Hilfe der vier Elemente. So schläft er beispielsweise an einer offenen Feuerstelle, da das Feuer die menschliche Aura reinigt beziehungsweise heilt. Vor Sonnenaufgang geht er regelmäßig in die Badewanne und verläßt sie erst dann wieder, wenn er das Gefühl hat, sein Energiekörper sei ausbalanciert. Dies kann dann durchaus bis zu zwei oder drei Stunden dauern. Nach dem morgendlichen Bad und vor dem Frühstück unternimmt er seinen täglichen Spaziergang und seine Atemübungen.

Was ist Rebirthing?

Rebirthing ist eine sanfte Methode der Selbstheilung, bei der es darum geht, alte Konditionierungen im körperlichen und seelischen Bereich aufzulösen. Durch ganz gezielte Atemtechniken werden frühere negative Erfahrungen an die Oberfläche geholt, bewußt gemacht, angenommen, aufgelöst und damit transformiert. Rebirthing schafft Harmonie und tiefe Entspannung, denn der Atem ist eine wesentliche Kraft in unserem Leben. Dabei unterscheidet man einen äußeren Atemkreislauf, der unseren Körper mit Sauerstoff versorgt und Kohlendioxid aussondert, und einen inneren Atemkreislauf, der unseren feinstofflichen Körper mit Energie versorgt. Viele Menschen sind sich wahrscheinlich

Rebirthing ist eine sanfte Methode der Selbstheilung

dieser Energien nicht mehr bewußt, weil sie längst jeden Kontakt zu sich selbst verloren haben. Doch die Energie in unserem Körper ist das Schwungrad unseres Lebens.

Eine kleine Geschichte kann uns diese Energie noch mehr verdeutlichen:

Es war einmal ein Königreich, daß von einem alten König regiert wurde. Dieser König hatte einen Minister. Dieser war jedoch bei seinem König in Ungnade gefallen und wurde deshalb auf Befehl des Königs in den obersten Teil seines Burgturms eingesperrt. Der Minister sollte bis an sein Lebensende in seinem Kerker gefangen bleiben. Doch er hatte eine gute und treue Frau, die nachts zu dem Turm kam und ihn fragte, womit sie ihm denn helfen könne. Er erwiderte ihr, sie solle am nächsten Abend mit einem langen Seil, einer Schnur, einem Bindfaden, einem Seidenfaden, einem Käfer und ein wenig Honig zu ihm kommen. Die Frau war höchst verwundert, daß ihr Mann sich in seiner schlimmen Situation derartig absonderliche Dinge von ihr wünschte. Doch da sie ihn von ganzem Herzen liebte und ihm treu ergeben war, kam sie am nächsten Abend und brachte die gewünschten Gegenstände. Der Minister wies seine Frau an, den Seidenfaden an den Käfer zu binden und dessen Fühler mit Honig zu bestreichen. Als die Frau dies getan hatte, bat er sie, den Käfer mit dem Kopf nach oben auf die Mauer zu setzen.

Die Energie in unserem Körper ist das Schwungrad unseres Lebens

Der Käfer, der sich magisch von dem Geruch des süßen Honigs angezogen fühlte, begann Schritt für Schritt in die Richtung zu laufen, aus der er den Honiggeruch wahrnahm, das heißt nach oben, in der Hoffnung, den Honig dort zu finden. Doch der Käfer erreichte nicht den Honig, sondern die Zinne des Turmes. Dort ergriff der Minister ihn und kam somit in den Besitz des Seidenfadens. Er sagte seiner Frau, sie solle nun am Ende des Seidenfadens den Bindfaden befestigen, und nachdem er den Bindfaden heraufgezogen hatte, ließ er seine Frau auch die Schnur und danach das Seil anbinden. Als er das Seil hatte, befestigte er es an einer Zinne und ließ sich daran zu seiner Frau herab und war damit frei.

Wirkung auf allen Ebenen

In unserem Körper entspricht die Energie des Atems dem Seidenfaden aus der Geschichte. Ohne ihn gäbe es in dieser Erzählung kein Entkommen und keine Befreiung aus dem düsteren Gefängnis. Ja, ohne Atem ist kein Leben möglich, und genau diese Atemenergie ist der Stützpfeiler in unserem Leben. Der Bindfaden entspricht den Nervenbahnen und die Schnur dem Denken. Wir sind in der Lage, durch unseren Atem direkt auf die Nervenbahnen und unser Denken Einfluß zu nehmen. Üben wir uns im freien Atmen, werden wir Nerven wie »Drahtseile« bekommen und unser Denken wird wach und harmonisch sein. Körperlich fühlen wir uns erst dann fit und leistungsfähig, wenn jede Zelle mit genügend Sauerstoff versorgt ist. Deshalb werden bereits seit vielen Jahren auf Schönheitsfarmen Sauerstoffkuren zur Verjüngung angeboten, bei denen man über eine Gasmaske künstlichen Sauerstoff einatmet. Doch auch bei Krebserkrankungen wird die Sauerstofftherapie inzwischen mit einigem Erfolg zum Einsatz gebracht. Im Rebirthing geht es vor allem darum, den Körper auf natürliche Weise ausreichend mit Sauerstoff zu versorgen. Rebirthing ist daher eine gute Vorsorge für ein gesundes Leben und unterstützt gleichzeitig auch den Selbstheilungsprozeß im Krankheitsfall.

Die Dringlichkeitsbarriere

Wie wir bereits im 2. Kapitel erfahren haben, hat die Atmung einen nicht zu unterschätzenden Einfluß auf unsere Emotionen. Am Anfang der Rebirthinggeschichte wurde viel mit der Kraft gearbeitet, die entsteht, wenn wir »unangenehme Gefühle vermeiden«. Leonard Orr bezeichnete den Impuls der Gefühlsvermeidung als »Dringlichkeitsbarriere«. Um sich diese Dringlichkeitsbarriere besser vorstellen zu können, ein Beispiel: Falls Sie Raucher sind, hören Sie einfach für sieben Tage mit dem Rauchen auf, und Sie werden die Dringlichkeitsbarriere erfahren. In dem Moment, wenn Sie das Gefühl befällt, nicht mehr zu können, weil das Verlangen nach einer Zigarette zu stark ist, setzt Leonard Orr mit der Rebirthingsitzung an. Er erreichte dies, indem er den Teilnehmer so lange in einer warmen Badewanne bequem sitzen ließ, bis der Impuls kam: Jetzt muß ich raus, es wird mir zu eng, ich halte es nicht mehr aus. Sodann wurde der Teilnehmer mit einem Schnorchel und einer Nasenklemme versehen, und er wurde von Leonard Orr mit dem Gesicht nach unten getragen. Sehr oft erlebten die Teilnehmer dabei dramatische Geburtserinnerungen und erfuhren eine

Ohne Atem ist kein Leben möglich. Unser Atem nimmt Einfluß auf unsere Nerven und unser Denken

geradezu ekstatische Befreiung. Durch das »Trockenrebirthing« wurde Rebirthing insgesamt weicher. Heute werden die oftmals schon über lange Zeit hinweg unterdrückten Gefühle behutsamer freigelegt, und es wird ein Rahmen von Geborgenheit geschaffen, wodurch der Selbstheilungsprozeß aktiv unterstützt wird. Es ist kein Geheimnis, daß uns unterdrückte Gefühle daran hindern, ein Leben voller Freude zu genießen und schließlich zu Mißerfolg und Krankheit führen. Im Rebirthingprozeß erfahren wir, daß sich hinter den unterdrückten Emotionen Botschaften verbergen, die wir oftmals zu unseren persönlichen Gesetzen machen. Diese können beispielsweise lauten: Ich bin nicht gut genug oder Ich kann nichts oder Menschen tun mir weh, und ich habe Angst vor ihnen. Dieses persönliche Gesetz manifestiert sich so lange, bis es schließlich frei geschaufelt und erlöst wurde.

Unterdrückte Gefühle hindern uns an einem Leben voller Freude

Die fünf Biggis

Die Atmung vieler Menschen ist unbewußt auf ein Minimum reduziert, sie atmen gerade genug, um zu überleben. Innere Blockaden verhindern ein natürliches Atmen, und daß wir unser Leben voller Freude und voller Kraft leben können. Die Ursachen dafür, daß wir unseren Atem häufig blockieren, liegen oftmals in der Vergangenheit vergraben. Im Rebirthing haben wir diese Ursachen zu fünf Hauptpunkten zusammengefaßt und nennen sie die fünf Biggis, was soviel heißt wie die fünf großen Ursachen.

1. Das Geburtstrauma

Die Geburt ist ganz zweifellos eines der wichtigsten Ereignisse im Leben eines jeden Menschen. Es gab und gibt häufig noch immer die Meinung, daß ein Kind nichts von seiner Geburt spüre, da es zu diesem Zeitpunkt noch nicht über ein ausgebildetes Bewußtsein verfüge. Menschen wie etwa Frédérick Leboyer haben durch Bücher wie *Geburt ohne Gewalt* viel zu einem neuen Verständnis beigetragen, so daß die Geburt für das Neugeborene inzwischen doch um einiges menschlicher wurde.

Die Geburt stellt für ein Kind den ersten großen Kontakt mit der Außenwelt dar. Es ist noch vollkommen offen und unvoreingenommen, erlebt alles direkt und ohne jeden schützenden Filter. Damit ist sein Erleben um ein Vielfaches intensiver als bei uns Erwachsenen. Obwohl sich in aller Regel niemand bewußt an seine Geburt erinnern kann, ist jede damit verbundene Erfahrung in uns abgespeichert.

Jedes Wesen versucht Leid zu vermeiden, und so werden bei uns nach einer schmerzvollen Geburt die ersten großen Entscheidungen getroffen. Diese manifestieren sich dann so lange in unseren Zellen, bis sie aufgelöst werden. Rebirthing bietet die Möglichkeit, diese unterdrückten Emotionen zu verarbeiten.

Als ich 1984 Leonard Orr zum ersten Mal auf einem Vortrag hörte, sprach er mehr als eine Stunde lang über die Unterwassergeburt seiner Tochter Spirit. Zwei Jahre später lernte ich Spirit kennen und ich wünsche mir seither, daß alle Kinder die Möglichkeit zu einer solchen Geburt haben. Es ist wichtig, daß alle Personen, die an einer Geburt beteiligt sind, ihr eigenes Geburtstrauma verarbeitet haben, damit es nicht zu Übertragungen auf den Säugling kommt. Nur dann besitzen sie das Vertrauen, sich zu öffnen und für den neuen kleinen Erdenbürger eine angstfreie Atmosphäre voller Liebe und Sicherheit zu schaffen.

Ein Kind bleibt neun Monate im Mutterleib und liegt dort umhüllt von Fruchtwasser warm und geborgen, hört nur gedämpfte Geräusche und muß sich um nichts kümmern. Es ist mit der Mutter durch die Nabelschnur verbunden, durch die es ernährt und mit Sauerstoff versorgt wird. Dieser Raum im Mutterleib ist das Paradies – die Vertreibung daraus beginnt mit der Geburt. Nachdem es im Bauch immer enger geworden ist, beginnt nun ein Kampf auf Leben und Tod. Alles was vor dem Baby liegt, ist vollkommen unbekannt, doch wenn die Wehen erst einmal eingesetzt haben, gibt es keinen Rückweg mehr. Dieser Kampf erzeugt Angst, woraus folgendes Grundprogramm entstehen könnte: Ich habe Angst vor dem Unbekannten oder vor Veränderungen. Der Drang nach draußen ist enorm, und das Kind kämpft sich durch den Geburtskanal mit dem Impuls: Da muß ich durch.

Die Erfahrung der Geburt ist in jedem Menschen abgespeichert

Grundprogramm: Wenn ich da durch bin, dann habe ich es geschafft.

Es gibt viele Menschen, die ständig »durch irgend etwas hindurch müssen«. Wenn sie ihr Ziel jedoch erreicht haben, kreieren sie sofort wieder eine schwierige Situation, damit der Kampf von vorn beginnen kann.

Mit der Geburt beginnt die Vertreibung aus dem Paradies

Hat das Kind den Kampf durch den Geburtskanal überstanden und erblickt das Licht dieser Welt, wird es vom grellen Scheinwerferlicht im Operationssaal geblendet; später werden auch noch Augentropfen verabreicht. Kein Wunder, wenn dabei zum ersten Mal folgende Grundhaltung entsteht: Ich mache lieber die Augen zu und will mir gewisse Dinge nicht anschauen. Während der Schwangerschaft wurden alle Geräusche von außen wunderbar durch das Fruchtwasser gedämpft und verringert. Nun fällt dieser Schutz plötzlich weg. Die vielen fremden Stimmen und das unangenehme Klappern der Instrumente hören sich für die Ohren eines Neugeborenen bedrohlich an, so daß es zu der Grundhaltung kommen kann: Es ist mir zu laut, ich will es nicht hören. Die konstante Temperatur im Mutterleib beträgt circa 37 Grad Celsius.

Neun Monate war es warm, und dann erlebt das Kind bei der Geburt einen Temperatursturz von mindestens zehn Grad. Das Kind ist dieser Erfahrung vollkommen ausgeliefert und hat in diesem Moment keine Ahnung, ob diese Kälte jemals wieder verschwinden wird. Es entwickelt sich die Grundhaltung: Diese Welt ist kalt, mir fehlt es an Wärme, ich will mich verkriechen.

Aber mit all dem noch nicht genug: Meist wird die Nabelschnur abgetrennt, noch bevor die eigene Sauerstoffversorgung eingesetzt hat. Das Kind ist dadurch dem Tod näher als dem Leben, und aus Panik heraus beginnt es zu atmen. Der erste Atemzug brennt wie Feuer, die kleinen Lungen müssen sich erst an die Außenluft gewöhnen. Das Neugeborene atmet Luft ein, die voll mit Medikamenten- und Krankenhausgerüchen ist. Damit ist aber der Schrecken für den Neuankömmling noch nicht überstanden: Damit das Fruchtwasser schneller abläuft, wird das Kind dann auch noch mit dem Kopf nach unten gehalten. Grenzenloser Schmerz und tiefe Verzweiflung breiten sich aus.

Es ist verständlich, daß unter diesen Umständen lieber weniger geatmet beziehungsweise lieber weniger gelebt wird. Daraus ergibt sich folgerichtig die Grundhaltung: Ich will nicht atmen beziehungsweise ich will nicht leben, denn es tut weh.

Rüdiger Dahlke beschreibt sehr ausführlich und eindrucksvoll die Auswirkungen der Geburtskomplikationen und der verschiedenen Geburtsmethoden in seinem Buch *Lebenskrisen als Entwicklungschancen*. Ich möchte die verschiedenen Geburtskomplikationen hier nur kurz vorstellen:

Steißlage

Das Grundthema ist die Verweigerung des vorgesehenen Weges und der notwendigen Hingabe, frei nach dem Motto: Ihr könnt mich mal, und deshalb will der Säugling auch nicht mit dem unterstützenden Kopf voraus auf die Welt kommen.

Anfänglich scheint diese Strategie auch aufzugehen, doch das dicke Ende, der Kopf, kommt schließlich doch noch. Bei dieser Art der Geburt kommt es häufig zu bedrohlichen Situationen, wenn die Nabelschnur abgedrückt wird, solange der Kopf noch im Geburtskanal steckt. Dadurch entsteht eine Unterversorgung der Lebensenergie; was nicht selten zu bleibenden Gehirnschäden führt. Bleibt das Geburtstrauma eines Steißlage-Geborenen unaufgelöst, wird dieser Mensch auch weiterhin den Herausforderungen des Lebens den Rücken zukehren und dadurch dramatische Situationen erzeugen, mit denen er seine Umgebung immer wieder in Atem hält.

Kaiserschnitt

Kinder, die durch Kaiserschnitt auf die Welt kommen, haben sicher eines gemeinsam: Die Anstrengungen und Verantwortung wurde im akuten Notfall abgegeben. Hier nun die verschiedenen Gründe, weshalb ein Kaiserschnitt notwendig werden kann:

Querlage

Ich lege mich quer, und nichts geht mehr ist hier das Thema. Einer erfahrenen Hebamme gelingt es ab und zu, das Kind vor der Geburt noch zu drehen. Doch wenn der Erfolg ausbleibt, ist der Kaiserschnitt der einzige Ausweg. Das Kind hat damit einen Sieg errungen, denn es braucht sich dem harten Kampf ums Überleben nicht zu stellen. Später kann diese Haltung dazu führen, daß die Verantwortung für das eigene Leben immer wieder an andere abgegeben wird.

Zu groß geratene Kinder

Dafür gibt es verschiedene Gründe. Zum einen besteht die Möglichkeit, daß das Kind sich zuviel Zeit läßt und eigentlich gar nicht daran denkt, sein Paradies jemals zu verlassen. Die Folge für das spätere Leben könnte sein, daß der »richtige« Zeitpunkt nicht wahrgenommen wird und sich somit eine Situation verschlimmert, wenn die »Helfer« nicht zur Stelle sind. Ein anderer Grund ist, daß die Mutter das Kind nicht entlassen will – dieses Problem kann sich dann später in der Pubertät und Adoleszenz des Kindes wiederholen. Aber auch eine zu gute Ernährung spielt eine Rolle bei zu groß geratenen Kindern.

Plazenta praevia

Hier liegt der Mutterkuchen vor dem Ausgang der Gebärmutter und versperrt dadurch den Weg für das Kind. Der Chirurg muß eingreifen und das Kind durch Kaiserschnitt aus dem Mutterleib befreien. Zu dieser Situation kommt es jedoch glücklicherweise nur selten. Doch Menschen mit dieser Geburtsgeschichte sind gut beraten, wenn sie sich in Lebenskrisen rechtzeitig um schnelle Hilfe von außen kümmern.

Der Regent des Tierkreiszeichens Skorpion ist der Planet Pluto

Frühgeburt

Entweder kann es das Kind kaum erwarten, in die Welt entlassen zu werden, oder aber die Mutter hat – zum Beispiel durch einen vorzeitigen Blasensprung – die Geburt eingeleitet. Ist der Frühstart nicht allzu früh, so ist eine Frühgeburt eher harmlos im Vergleich zu den Kindern, die den richtigen Zeitpunkt für die Geburt überziehen. Im späteren Leben reagieren Frühgeborene auf die Umwelt mit Ungeduld, aber auch mit unüberlegten Entscheidungen oder fallen mit der Tür ins Haus.

Nabelschnur um den Hals

Bei Leonard Orr hatte sich die Nabelschnur dreimal um den Hals gewickelt. Seine Deutung ist, daß er die Ablehnung seiner Mutter bereits im Bauch spürte und sich deshalb bereits während der Schwangerschaft das Leben nehmen wollte. Oft löst diese Deutung Unbehagen bei Betroffenen aus, und hier geht es auch nicht darum, der Mutter den schwarzen Peter zuzuschieben, sondern das daraus entstandene Trauma der Lebensfeindlichkeit aufzulösen. Rüdiger Dahlke weist in seinem Buch *Lebenskrisen und Entwicklungschancen* darauf hin, daß es sich hier um das plutonische Urprinzip handelt und daß das Kind sich selbst stranguliert. Leonard Orr wurde im Sternzeichen und Aszendent Skorpion geboren, und der Regent des Tierkreiszeichens Skorpion ist der Planet Pluto. Er hat sein Geburtstrauma aufgelöst und dabei die wunderbare Methode des Rebirthings entwickelt. Denn dort, wo die größte Schwierigkeit liegt, findet man nach deren Auflösung auch die größte Stärke.

2. Mißbilligung der Eltern

Bei seinem Eintritt in diese Welt ist das Kind noch ein nahezu unbeschriebenes Blatt. Die Menschen, die seine Erziehung übernehmen, können aus ihm einen Moslem, einen Christen, einen Hindu oder Atheisten machen, denn das Kind hat dem nichts entgegenzusetzen. Es ist noch vollkommen offen und frei von allen Bewertungen. Die Erwachsenen zeigen ihm, was gut und böse, was schön und was häßlich ist. Sie lehren es, was in ihren Augen Pflichtbewußtsein, Ehrgefühl und Gewissen bedeutet. Eltern und Großeltern wetteifern darum, dieses Kind zu erziehen, und jeder glaubt am besten zu wissen, was für das Kind gut ist. Während der ersten fünf Lebensjahre werden die kleinen Wesen im Schnitt etwa 40 000 Male gemaßregelt. Jeder von uns kennt Sätze wie: »Sei ruhig, wenn Erwachsene reden«, oder: »Dafür bist du noch zu klein«, oder: »Wie oft soll ich's dir noch sagen, daß ...«, aus seiner eigenen Erfahrung. Die Erwachsenen versuchen auf diese Weise, das Kind an ihre eigenen Begrenzungen anzupassen, und dabei wird dann Schritt für Schritt aus ihm eine funktionierende Maschine gemacht.

3. Negative Programme

Nachdem der junge Mensch mit den Grundprogrammen von Mutter, Vater, Großeltern und Lehrern ausgestattet ist, beginnt er auf der Basis der vorhandenen Programme selbständig neue zu entwickeln.

Bei seinem Eintritt in die Welt ist das Kind offen und frei von allen Bewertungen

Er erfährt die Welt gemäß seinen Bewertungen und sieht dabei nicht, daß er selbst die Ursache seiner Erfahrungen ist. Er nimmt die Welt in ihrem Außen als etwas von sich selbst Getrenntes wahr. Eine solche Haltung wird durch Floskeln wie: »Wenn dieses oder jenes nicht wäre, dann würde alles ganz anders...« deutlich erkennbar.

Man nennt dies das »Opferbewußtsein«. Selbstverständlich ist es durchaus möglich, daß ein so geprägter Mensch Glück und Freude innerhalb dieser Begrenzungen erleben kann und deshalb auch gar nichts verändern möchte, ganz im Gegenteil: Er be- und verurteilt seine Mitmenschen, die diese Grenzen als beengend empfinden und deshalb verlassen; ja, sie bedeuten sogar eine Gefahr für ihn, denn sie machen etwas, das er selbst sich nicht erlauben darf, denn sonst müßte er vieles bei sich und seiner

Umwelt in Frage stellen – das möchte er aber auf gar keinen Fall!

4. Der Todesdrang des Menschen

Während der Erfolglose versucht, sein Leben in den Griff zu bekommen, verwendet der Erfolgreiche seine Energie, um seine Ziele zu erreichen. Aber irgendwann stellt sich jeder die Frage: »Wozu das alles?« Der eine stellt sie sich aus Frustration heraus, der andere, weil er bereits alle seine Ziele erreicht hat. Doch selbst jemand, der alles erreicht zu haben scheint und sich alles leisten kann, bleibt von einer unbestimmten Sehnsucht nach dauerhaftem Glück und wirklicher Zufriedenheit getrieben. Viele Menschen verlieren sich in Träumereien, in Vergangenheit oder Zukunft, wie beispielsweise: »Damals als kleines Kind war das ganze Leben noch sorglos und schön«, oder: »Später, wenn ich pensioniert bin, werde ich nur noch tun, was ich möchte.« Das gegenwärtige Leben ist und bleibt jedoch von einem Vakuum umschlossen, das unerfüllt ist.

So beantworten die meisten Menschen die Frage, ob sie in ihrem Körper ewig leben wollen, mit einem klaren »Nein«, weil kaum jemand mit sich und seinem Leben zufrieden ist. Die Menschen wünschen sich das Paradies, doch der Weg zurück in die Geborgenheit des Mutterleibes ist ihnen endgültig versperrt, und so müssen sie sich nach vorn orientieren. Dort am anderen Ende wartet der Tod, das große Geheimnis, welches die vage Hoffnung in sich beinhaltet, daß man dann vom ewigen Lebenskampf erlöst sein wird.

Für Menschen, die dauerhaft vom Glück getrennt bleiben, ganz gleich welchen Glaubens und wie groß ihre Angst vor dem Sterben ist, ist der unbekannte Tod die einzige Hoffnung auf Befreiung. Somit wird der Tod unbewußt gleichgesetzt mit Sehnsucht nach Frieden, Glückseligkeit und Einheit mit dem Universum, nach dem Motto: »Er hat es geschafft, hier ruht er in Frieden ...«

5. Das Armutsbewußtsein

Geld an sich ist vollkommen wertfrei; wir beleben es, geben ihm unsere eigene Bewertung und denken dann in Sätzen wie: »Bei Geld hört die Freundschaft auf« oder: »Geld verdirbt den Charakter«. Die Ursachen für unseren Mangel an Geld reichen zurück bis zur Geburt; denn bereits zu diesem Zeitpunkt fallen Entscheidungen wie: »Es ist nie genug für mich da«, (zum Beispiel Sauerstoff). »Man muß kämpfen, um zu überleben« etc.

Übung:
Die zwanzig verbundenen Atemzüge

Zum Abschluß möchte ich Ihnen eine klassische Atemübung aus dem Rebirthing vorstellen. Sie heißt die »zwanzig verbundenen Atemzüge«. Es ist ausreichend, wenn Sie diese Übung einmal pro Tag machen. Wenn Sie die Übung einmal am Tag über einen Zeitraum von einem Jahr hinweg konsequent praktizieren, werden Sie sehr viel über das Geheimnis des Atems erfahren, und Sie werden dabei Ihre Atemgewohnheiten verändern. Diese Übung dauert nur 30 Sekunden, ist sehr wirkungsvoll und bringt neue Lebensenergie. Bei dieser Übung handelt es sich um vier mal fünf Atemzüge.

1. Machen Sie vier kurze Atemzüge.
2. Machen Sie nach den vier kurzen einen ganz langen Atemzug.
3. Wiederholen Sie diese vier kurzen Atemzüge und einen weiteren langen Atemzug dreimal, so daß es insgesamt zwanzig Atemzüge sind.
4. Verbinden Sie dabei die Aus- und Einatmung so, als seien die zwanzig Atemzüge ein Atemzug, das heißt, machen Sie zwischen Aus- und Einatmung keine Pause.

Ihr Atem sollte dabei frei fließen, zwingen Sie ihn dabei nicht. Es kann sein, daß es Ihnen dabei schwindelig wird oder daß Sie ein leichtes Kribbeln in Ihren Händen spüren. Durch falsche Atemgewohnheiten sind wir soviel Energie nicht mehr gewöhnt. Lassen Sie sich Zeit, und brechen Sie die Übung vorerst ab. Warten Sie ein paar Tage und wiederholen Sie sie. Sie werden merken, daß das Atmen zunehmend leichter wird und Ihnen mehr Lebensenergie zur freien Verfügung steht.

Übung: Das persönliche Gesetz

Diese Übung soll uns helfen, unser persönliches Gesetz herauszufinden. Wenn uns unser persönliches Gesetz bewußt ist, haben wir die Chance, dieses Gesetz zu durchbrechen und damit unser Leben nachhaltig zu verändern. Selten denken wir unser persönliches Gesetz direkt, sondern – wie der Rebirther Martin Zedlacher es ausdrückt – wir denken tausend Gedanken, die mit dem persönlichen Gesetz verbunden sind und es unterstützen.

Das Erkennen Ihres eigenen Grundmusters

Grundfrage:
Was ich an mir selber nicht mag, ist:

....

Nehmen Sie sich zwei Minuten Zeit und schreiben Sie drei Eigenschaften auf, die Sie nicht an sich selbst mögen.
Schlüsselfrage: Was muß jemand über sich selbst denken oder fühlen, der diese Eigenschaften hat?
Notieren Sie sich Ihren ersten Gedanken und lassen Sie diesen einfach auf sich wirken. Es kann durchaus sein, und oft ist es auch so, daß Sie am Anfang noch nicht Ihr persönliches oder ein allgemeines Grundmuster erkennen. Unser Verstand ist sehr trickreich.
Wahrscheinlich werden Sie sich sogar fragen, was diese Übung überhaupt soll. Nehmen Sie diesen neuen Gedanken ruhig auf, und wiederholen Sie damit die eigentliche Schlüsselfrage erneut. Sie werden merken, je öfter Sie dies machen, desto tiefer

dringen Sie in Ihr Inneres ein.
Ein Grundmuster, auf das Sie dabei stoßen könnten, könnte beispielsweise lauten:

- Ich bin nicht genug, oder ich habe nicht genug.
(Ich habe nicht genügend im Beruf erreicht. Ich bin nicht schön genug und entspreche nicht den gängigen Idealwerten. Ich habe nicht den Ausbildungsstand, den ich mir wünsche, um zum Beispiel akzeptiert zu sein. Egal, wieviel ich arbeite, das Geld reicht nie.)
Wenn Sie nun Ihr bisheriges Leben so Revue passieren lassen, dann merken Sie vielleicht selbst, daß sich genau dieses Grundmuster bereits durch Ihr ganzes Leben gezogen hat.

- Ich bin schlecht.
Eigentlich sollte ich ein anderes Geschlecht sein und irgendwie habe ich das immer gespürt. Ich fühle mich schlecht, weil ich den Anforderungen meiner Eltern nicht gerecht werde. Oder ich fühle mich schlecht, weil ich mir sehr viel mehr Geborgenheit, mehr Sex oder mehr Freiheit von meinem Partner wünsche.
Daraus entstehen gerne Schuldgefühle, und kein Geldbetrag oder keine Selbstaufopferung können groß genug sein, um dies damit zu heilen.

- Menschen tun mir weh.
Immer wenn ich mich öffne, werde ich immer wieder verletzt von meinem Partner, Chef oder meinen Eltern. So klein kann ich mich nicht machen, damit mich dieses Gesetz in meiner Realität nicht wieder einholt.

- Ich lebe nicht gern.
Hier gibt es genauso viele Gründe wie umgekehrt dafür, daß man gern lebt. Doch sind es nicht die Gründe, die unser Leben lebenswert machen, sondern die Fähigkeit zu lieben.

■ **Das persönliche Gesetz**
Erstellen Sie sich einen Selbstanalyse-Fragebogen.

Der Selbstanalyse-Fragebogen

Was ich nicht mag:	**Was ich mag:**
an mir selber	
1.	1. ....
2.	2. ....
3.	3. ....
an meiner Mutter	
1.	1. ....
2.	2. ....
3.	3. ....
an meinem Vater	
1.	1. ....
2.	2. ....
3.	3. ....
an dem meistgeliebten Menschen	
1.	1. ....
2.	2. ....
3.	3. ....

Zusatzfragen:

Mein größtes Vergnügen	Meine größten Ängste
1.	1. ....
2.	2. ....
3.	3. ....

Auswertung:

Fertigen Sie jetzt über die Schlüsselfrage das persönliche Gesetz der jeweiligen Person an und vergleichen Sie sie untereinander. Vielleicht stellen Sie verblüffende Ähnlichkeiten fest, und manch einem fällt es wie Schuppen von den Augen, wenn er die Zusammenhänge sieht.

Ein persönliches Gesetz meiner Mutter:

....

Ein persönliches Gesetz meines Vaters:

....

Ein persönliches Gesetz von mir selbst:

....

Die Kraft der Gedanken

Mit der unterstützenden Wirkung des Rebirthing können wir unsere Lebensenergie enorm erhöhen. Dabei ist es jedoch wichtig zu lernen, mit dieser Energie sinnvoll umzugehen. Es verhält sich wie in der Physik. Den Druck zu erhöhen, ist nur ein Aspekt; aber erst die Richtung, in die wir diese neugewonnene Kraft lenken wollen, ist der entscheidende Aspekt. Die Richtung wird dabei allein durch die Qualität unserer Gedanken geprägt und beeinflußt. Jeder von uns hat etwa 50 000 Gedanken pro Tag, doch nur ein äußerst geringer Teil davon ist uns auch tatsächlich bewußt. Der Mensch verfügt damit über einen ganz ausgezeichneten Denkapparat, und es ist vernünftig, dieses hohe Potential zum Wohle aller einzusetzen, statt es für Nebensächlichkeiten zu vergeuden.

Wie enorm hoch die Leistungsfähigkeit des Gehirns ist, verdeutlicht vielleicht am einfachsten die Antwort eines amerikanischen Computerherstellers auf die Frage eines Journalisten. Der wollte wissen, wie teuer es in etwa kommen würde, einen Computer zu bauen, der alle Fähigkeiten und Kapazitäten des menschlichen Gehirns besitzen würde. Daraufhin der Computerhersteller nur knapp: »Etwa eine Billion Dollar.«

Wir selbst sind uns in aller Regel überhaupt nicht unseres enormen Potentials bewußt und führen deshalb auch meist ein Leben auf Sparflamme. Durch meine eigene, langjährige Praxis als Atemtherapeut und Rebirthingausbildungsleiter haben sich die folgenden vier Gesetze bewährt, wenn es darum geht, das Leben mit Hilfe des eigenen Potentials erfolgreich zu meistern.

1. Gesetz: Gleiches zieht Gleiches an

Diese Gesetzmäßigkeit beruht auf dem Wissen über die Kraft der Anziehung und darauf, daß Gedanken etwas Kreatives sind und daß Energie den Gedanken folgt, magnetisch wirkt und sich schließlich verdichten will.

Wir selbst entscheiden – egal ob bewußt oder unbewußt –, ob wir erfolgreich oder erfolglos, reich oder arm, glücklich oder unglücklich, hungrig oder satt sein wollen. Rupert Sheldrake hat in seinem Buch *Das Gedächtnis der Natur* ausführlich beschrieben, daß die Erde nicht nur ein Gravitationsfeld und ein elektromagnetisches Feld umgibt, sondern auch ein Gedächtnisfeld. Er bezeich-

Wir selbst entscheiden, ob wir glücklich oder unglücklich sein wollen

net dies als »morphogenetisches Feld«. In ihm ist das gesamte Wissen der Natur ebenso abgespeichert wie auch alle anderen Gedankenimpulse. Deshalb fällt der Apfel auch vom Baum, wenn er reif ist, obwohl diese Programmierung weder im Apfel noch im Baum selbst zu finden ist. Daraus läßt sich schließen, daß es eine Gesetzmäßigkeit außerhalb der Materie geben muß, in welcher diese Programmierung verankert ist. Jedes Lebewesen besitzt den Zugang zu diesem Gedächtnisfeld, denn im Gehirn und dem damit verbundenen Nervensystem gibt es sensibelste Empfänger, die mit diesem »morphogenetischen Feld« in einer ständigen Resonanzschwingung stehen. Zur besseren Veranschaulichung dieser These hier zwei kleine Beispiele:

Das sogenannte »Meisenrätsel« oder der »Versuch mit den japanischen Kinderversen«.

Im Jahre 1921 konnten in England Meisen dabei beobachtet werden, wie sie mit ihren Schnäbeln die Aluminiumdeckel der Milchflaschen durchpickten, um von der Milch trinken zu können. Im selben Jahr wurden Meisen mit genau dem gleichen Verhalten auch in Schweden beobachtet. Da die Meisen jedoch nur einen maximalen Flugradius von etwa 25 Kilometern um ihren Nestplatz herum besitzen, und nicht anzunehmen ist, daß sie über das Meer fliegen, zieht Rupert Sheldrake daraus den Schluß, daß die Informationen, die zu diesem neuen Verhalten führten, aus dem Gedächtnisfeld entnommen wurden.

In einem Versuch wurden Europäer, die alle der japanischen Sprache nicht mächtig waren, in zwei gleich große Gruppen aufgeteilt. Der einen Gruppe stellte man die Aufgabe, eine völlig sinnlose japanische Wortfolge auswendig zu lernen, während die andere einen beliebten japanischen Kindervers, der bereits seit vielen Generationen überliefert war, einstudieren sollte. Dabei wurde selbstverständlich darauf geachtet, daß beide Texte in etwa den gleichen Schwierigkeitsgrad besaßen. Es stellte sich schon bald heraus, daß die Gruppe mit dem Kindervers ihren Text wesentlich schneller auswendig lernen konnte als die andere. Sheldrake geht in seinen Überlegungen davon aus, daß dieser Gruppe das morphogenetische Feld der japanischen Kinder zu Hilfe gekommen ist. Es gibt zahlreiche Phänomene dieser Art, die nur zu gerne ins Reich des Übernatürlichen abgeschoben werden, um sich nicht intensiver mit ihnen auseinandersetzen zu müssen. Gehen wir jedoch davon aus, daß Sheldrakes Erkenntnisse richtig sind, dann wird dieses Gedächtnisfeld oder auch das »kollektive Unbewußte«, das sich von all unseren Gedanken nährt, in symbiotischer Weise beeinflußt.

Unterstützung durch Affirmationen

Affirmation (lat. firmus = fett, stark, kräftig) bedeutet soviel wie Bejahung oder Bestätigung. Die Affirmationstechnik ist eine bewährte Methode, die Gedankenkraft des Einzelnen zu nutzen, um das zu verwirklichen, was dieser sich in seinem Leben wünscht. Diese Technik ist, wie gesagt, nichts Neues, und wenn Sie einmal genauer darüber nachdenken, stellen Sie sicherlich fest, daß Sie sie bereits anwenden, ohne sich dessen wahrscheinlich bewußt zu sein. Bei der Affirmation handelt es sich um die ganz natürliche Kraft der Gedanken, die Sie im täglichen Leben ständig benützen, ob bewußt oder unbewußt. Da wir durch Erziehung und schmerzvolle Erfahrungen negativ programmiert sind, entsteht in uns häufig der Eindruck, daß Mangel, Begrenztheit, Schwierigkeiten, Entbehrung und andere Probleme unser Schicksal sind. Mit Hilfe der bewußt eingesetzten Affirmationstechnik können Sie dieses selbst auferlegte »Schicksal« jedoch jederzeit durchbrechen.

Durch den bewußten Einsatz Ihres Potentials werden Sie in der Lage sein, Ihr Schicksal in die eigenen Hände zu nehmen. Die nachfolgende Methode möchte Ihnen aufzeigen, wie Sie mit Spaß und mit dem bewußten Umgang Ihrer Gedankenkraft das erschaffen können, was Sie möchten, zum Beispiel Ausgeglichenheit, Zufriedenheit, eine harmonische Beziehung, Gesundheit, Wohlstand, Freude, Harmonie und Frieden.

Die Affirmationstechnik nutzt die Gedankenkraft des Einzelnen zur Verwirklichung seiner Lebenswünsche

Ihr Wunsch kann auf verschiedenen Ebenen liegen: der körperlichen, der emotionalen, der geistigen oder auch der spirituellen.

Vielleicht möchten Sie eine größere Wohnung oder mehr Geld verdienen, eine glückliche Beziehung oder einfach nur ausgeglichen sein, oder sich im Fluß der Liebe befinden.

Ich möchte an dieser Stelle jedoch ausdrücklich darauf hinweisen, daß Sie diese Technik niemals dazu benutzen sollten, um andere Menschen damit zu kontrollieren oder zu manipulieren.

Sie können damit aber ohne weiteres Ihre eigenen Blockaden und negativen Gedankenstrukturen nach und nach völlig auflösen, denn diese Begrenzungen hindern Sie daran, ein glückliches, erfolgreiches Leben zu führen und Ihre Kraft konstruktiv einzusetzen.

Um die Affirmationstechnik erfolgreich zu praktizieren, müssen Sie nicht an irgendeine religiöse oder spirituelle Idee glauben oder an eine (wie auch immer genannte) Kraft außerhalb Ihres eigenen Körpers. Wichtig ist einzig und allein der aufrichtige Wunsch, etwas in Ihrem Leben verändern zu wollen, der Mut, sich die eigenen negativen Gedanken anzusehen, und die uneingeschränkte Bereitschaft, offen zu sein für ein glückliches Leben.

Die Botschaft der Affirmation ist Entspannung und Selbstsein

Machen Sie sich mit der Idee der Affirmationstechnik ruhig erst einmal vertraut. Schauen Sie sich ohne zu be- oder verurteilen Ihre Widerstände an, praktizieren Sie die Technik für eine bestimmte Zeit, und entscheiden dann anschließend selbst über den Erfolg. Geben Sie sich also einfach eine Chance!

Eine Affirmation besagt nichts anderes, als daß der gewünschte Zustand bereits eingetreten ist. Leonard Orr sagt, Affirmationen sind nicht dasselbe wie bloßes Wunschdenken. Ein Apfelbaum etwa, der sich in einem Birnenhain wiederfindet, mag noch so oft wiederholen: »Ich bekomme große, saftige, schöne Birnen«, ohne daß er dies tatsächlich umsetzen kann. Er wird also nur Frustration erfahren.

Orr sagt weiter, was die Botschaft der Affirmation ist: Entspannen Sie sich und seien Sie einfach Sie selbst. Wenn Sie wirklich wissen, wer Sie sind, dann sind Sie auch tatsächlich reich, weit über Ihre wildeste Vorstellungskraft hinaus! Sie sind ein unendliches Wesen, haben eine unendliche Intelligenz und besitzen eine unendliche Manifestation.

Affirmationen werden in der Gegenwart ausgesprochen, wie zum Beispiel ich, Konrad, bin... oder ich, Konrad, habe... Falsch ist hingegen, ich Konrad, werde/will... zu benützen.

Vermeiden Sie alle negativen Botschaften wie Angst, Furcht, Tod oder Krankheit. Verwenden Sie statt dessen ausschließlich positive Gedanken wie Gesundheit, Freude, Spaß und Lebendigkeit.

Verwenden Sie Bejahungen wie zum Beispiel es macht mir, Konrad, Spaß ... und vermeiden Sie Verneinungen, wie zum Beispiel ich, Konrad, bin nicht ...

Für Anfänger empfiehlt es sich, mit einer kleinen Entspannungsübung zu beginnen.

Denn wenn Körper und Geist völlig entspannt sind, ist auch die Aufnahmefähigkeit größer und die innere Abwehrhaltung geringer. Machen Sie deshalb die »zwanzig verbundenen Atemzüge«, und beobachten Sie dann anschließend für einige Minuten Ihre Atmung.

Vorübung

Erstellen Sie erst einmal eine Liste, und halten Sie darauf all die Dinge fest, die Sie in Ihrem bisherigen Leben nicht in Ordnung gefunden haben. Eine solche Auflistung könnte beispielsweise so aussehen:

- daß Sie trotz aller Mühen noch immer keinen Führerschein haben;
- daß Sie schon seit Jahren nicht mehr im Urlaub waren oder
- daß die Wohnung, in der Sie leben viel zu laut ist;
- daß die Arbeit schon seit Jahren keinen richtigen Spaß mehr macht oder
- daß Sie sich von ganzem Herzen eine Zweierbeziehung wünschen;
- daß Sie sich einsam fühlen und kein Vertrauen haben, sich Menschen zu öffnen und anzuvertrauen und so weiter.

Verwenden Sie für die nun folgende Übung den Punkt, der Sie am meisten stört, denn hier liegt auch die größte Motivation zu einer positiven Veränderung.

Die Übung beginnt damit, daß Sie eine Seite lang den bestehenden Zustand und sich selbst akzeptieren, indem Sie zum Beispiel schreiben:

Es ist für mich, Konrad, in Ordnung, allein zu leben.
Gleichzeitig notieren Sie Ihre Einwände, Reaktionen und Bedenken darunter.

Es ist für mich, Konrad, in Ordnung,
allein zu leben.
Ich habe Angst, allein alt zu werden.

Es ist für mich, Konrad, in Ordnung,
allein zu leben.
Ich fühle mich oft sehr einsam.

Es ist für mich, Konrad, in Ordnung,
allein zu leben.
Ich will nicht nur Fernsehen schauen.

Es ist für mich, Konrad, in Ordnung,
allein zu leben.
Mein Leben langweilt mich.

Es ist für mich, Konrad, in Ordnung,
allein zu leben.
Ich glaube nicht an die Kraft der Gedanken.

Es ist für mich, Konrad, in Ordnung,
allein zu leben.
Ich will es nicht akzeptieren.

Es ist für mich, Konrad, in Ordnung,
allein zu leben.

Ich bräuchte nur Mut, daraus das Beste zu machen.

Es ist für mich, Konrad, in Ordnung, allein zu leben.
Mein Leben kann schon interessant sein.

Es ist für mich, Konrad, in Ordnung, allein zu leben.
Ich möchte mein Leben neu gestalten.

Es ist für mich, Konrad, in Ordnung, allein zu leben.
Ich will es versuchen ...

<u>Nachdem Sie etwa eine DIN-A-4-Seite auf diese Weise vollgeschrieben haben, fahren Sie in der zweiten Person fort:</u>

Konrad, es ist in Ordnung für dich, allein zu sein.
Meine Mutter hat mir schon gesagt, daß ich keine Frau bekommen werde, weil ich so unordentlich bin.

Konrad, es ist in Ordnung für dich, allein zu sein.
Keine Frau liebt mich wirklich.

Konrad, es ist in Ordnung für dich, allein zu sein.
Wie soll mich eine Frau lieben, wenn ich mich selbst nicht liebe.

Konrad, es ist in Ordnung für dich, allein zu sein.
Ich möchte doch nur glücklich sein.

Konrad, es ist in Ordnung für dich, allein zu sein.
Schön wäre es, dann hätte ich vielleicht meine Ruhe ...

<u>Wenn Sie nun wieder etwa eine Seite vollgeschrieben haben, wechseln Sie zur dritten Person über:</u>

Es ist für Konrad in Ordnung, allein zu sein.
Ich habe Angst vor dem Altwerden.

Es ist für Konrad in Ordnung, allein zu sein.
Ich habe so eine tiefe Traurigkeit in mir.

Es ist für Konrad in Ordnung, allein zu sein.
Und ich spüre sehr viel Liebe in mir.

Es ist für Konrad in Ordnung, allein zu sein.
Ich bin gespannt, ob es funktioniert ...

Es ist wichtig, daß Sie dabei jedesmal

Ihren Namen vollständig aufschreiben, damit Sie sich unter allen Umstanden auch wirklich persönlich angesprochen fühlen. Ebenso wichtig ist es, daß Sie die Sätze in der zweiten und dritten Person bilden, denn gerade andere Menschen haben Ihre Meinung über Sie ganz entscheidend mitgeprägt.

Diese einfache Grundübung eignet sich ganz ausgezeichnet dazu, um Ihre eigene Abwehrhaltung erheblich zu reduzieren.

Gleichzeitig können Sie so erkennen, daß die zweite Zeile (kursiv gedruckt) Ihre gegenwärtige reale Situation ist, die Sie daran hindert, Ihre Wünsche wirklich zu erreichen.

Nehmen Sie jetzt keine Bewertung vor, bleiben Sie einfach offen. Dann haben Sie einen erheblich leichteren Zugang zu den Quellen Ihrer inneren Kraft und können auch viel schneller Ihr gestecktes Ziel erreichen.

Der Gebrauch von Affirmationen

Am besten arbeiten Sie mit einer oder mehreren Affirmationen täglich über einen bestimmten Zeitraum hinweg und am besten so lange, bis das Gewünschte tatsächlich eingetroffen ist. Kurz nach dem Aufstehen oder vor dem Schlafengehen wirken sie ganz besonders gut. Oder wenn es Ihnen gutgeht, dann spüren Sie mehr Kraft in sich, und es fällt Ihnen dann leichter, konstruktiv zu sein, weil Sie weniger Widerstände in sich aufbauen.

Das Schreiben von Affirmationen ist eine äußerst gute und wirksame Methode, besonders wenn Sie mit der Einwandmethode beginnen. Gleichzeitig können auch Sie beim Schreiben die Affirmation laut und deutlich vor sich hin sprechen. Dadurch werden dann noch mehr Sinne mit einbezogen.

Das Schreiben von Affirmationen ist eine gute und wirksame Methode

Ich, Konrad, verdiene mit Leichtigkeit pro Monat DM 4000 netto.
Ich habe schon immer zu wenig verdient.

Ich, Konrad, verdiene mit Leichtigkeit pro Monat DM 4000 netto.
Es widert mich an, für Geld zu arbeiten.

Ich, Konrad, verdiene mit Leichtigkeit pro Monat DM 4000 netto.
Das Leben ist sehr hart.

Ich, Konrad, verdiene mit Leichtigkeit pro Monat DM 4000 netto.
Ich möchte eine neue Ausbildung machen ...

Nachdem Sie etwa eine DIN-A-4-Seite auf diese Weise vollgeschrieben haben, fahren Sie in der zweiten Person fort:

Du, Konrad, verdienst mit Leichtigkeit pro Monat DM 4000 netto.
Wenn ich nur daran glauben könnte.

Du, Konrad, verdienst mit Leichtigkeit pro Monat DM 4000 netto.
Es wäre zu schön, um wahr zu sein.

Wenn Sie nun wieder eine Seite vollgeschrieben haben, fahren Sie in der dritten Person fort:

Konrad verdient mit Leichtigkeit pro Monat DM 4000 netto.
Mein Lehrer hat schon immer gesagt, daß ich es nicht schaffe.

Konrad verdient mit Leichtigkeit pro Monat DM 4000 netto.
Ich weiß nicht wie.

Konrad verdient mit Leichtigkeit pro Monat DM 4000 netto.
Ich will es versuchen ...

Oder – wenn Sie ganz besonders mutig sind – schreiben Sie doch Ihren Freunden einen Brief, in dem Sie ihnen Ihre Affirmationen mitteilen. Wirklich gute Freunde freuen sich sicherlich, wenn Sie damit beginnen, Ihr Leben zu verändern, damit es Ihnen gutgeht.

Sie können sich aber auch Ihre Affirmation auf eine Karte schreiben oder zeichnen, so daß Sie sie von nun an immer bei sich haben. Auf diese Weise können Sie, wann immer Sie etwas Zeit übrig haben, mit Ihren Affirmationen arbeiten. Oder befestigen Sie die Karte einfach gut sichtbar in Ihrer Wohnung.

Nehmen Sie Ihre Affirmationen ruhig auf ein Tonband auf – ganz besonders empfehlenswert sind hierfür Endloskassetten –, die sich auch noch mit ruhiger Musik untermalen lassen. Sie können sich die Kassette dann etwa beim Autofahren, Aufräumen, Bügeln oder vor dem Einschlafen anhören.

Partnerübung

Geben Sie Ihrem Partner Ihre erarbeiteten Affirmationen zu lesen. Setzen Sie sich ihm/ihr dabei gegenüber, und bleiben Sie in Augenkontakt. Sagen Sie ihm Ihre Affirmationen so lange auf, bis bei Ihnen keine negativen Gefühle mehr aufkommen.

Anschließend kann dann Ihr Partner Ihnen Ihre Affirmationen vorlesen – in der zweiten und dritten Person.

Visualisierung

Visualisieren oder Imaginieren ist eine Fähigkeit des Bewußtseins. Jemand, der nicht gerade selbst im kreativ-visuellen Bereich arbeitet, etwa als Maler oder Filmemacher, fördert oder nutzt diese Begabung oftmals viel zu wenig.

Doch es ist eigentlich ganz einfach. Visualisieren der Affirmation bedeutet, sich diese vor dem geistigen Auge zu betrachten. Strengen Sie sich aber nicht an, wenn Sie irgend etwas sehen wollen. Entspannen Sie sich einfach und lassen langsam das gewünschte Bild von innen heraus entstehen.

Handelt es sich bei Ihrer Affirmation um einen Gegenstand, dann stellen Sie sich genau vor, wie Sie ihn in den Händen halten, wie Sie ihn bewundern, wie Sie ihn benutzen und wie er sich anfühlt. Handelt es sich um eine Situation oder um ein Ereignis, dann beobachten Sie einfach alles in allen Einzelheiten. Werfen Sie beispielsweise einen Blick in Ihre Umgebung, achten Sie darauf, wie andere gekleidet sind, mit welchen Personen Sie zusammen sind. Lassen Sie die Eindrücke auf sich wirken, und genießen Sie diese Situation.

Mantras

Mantras sind ursprünglich Sanskritanrufungen (Sanskrit nennt man die indische Sprache) an ein höheres Wesen oder an eine Gottheit, mit deren Hilfe man sich in einen deutlich erhöhten Bewußtseins- oder Wahrnehmungsbereich begeben kann.

Doch es gibt diese Mantras nicht nur in Indien, sondern in allen Ländern und Religionen. Das inbrünstige Rosenkranzbeten ist ebenso ein Mantra wie islamische Gottesanrufungen.

In Tibet und Indien gibt es passende Mantras für alle Gelegenheiten, so etwa ein Mantra für Mitgefühl, für Weisheit, aber auch dafür, daß geplante Vorhaben gelingen oder Wünsche in Erfüllung gehen mögen, oder aber auch für die Heilung von Krankheiten.

Die Visualisierung von Affirmationen bedeutet, sich diese vor dem geistigen Auge zu betrachten

Eknath Easwaran beschreibt Mantras als eine äußerst kraftvolle geistige Form für das Höchste. Das heißt, daß seit Tausenden von Jahren in den Religionen in Tibet oder Indien, ebenso in allen anderen, Menschen ein bestimmtes Mantra für eine bestimmte Absicht benützen und so ein starkes morphogenetisches Feld aufgebaut haben. Die Einweisung, oder auch Initiation genannt, in ein Mantra oder die Kraftübertragung geschieht durch einen Lehrer, der dieses Mantra verwirklicht hat. Es gibt jedoch auch die Möglichkeit der Selbsteinweisung, indem man ein Mantra 400 000mal rezitiert. Ich selbst habe dies mit dem Mantra OM NAMAHA SHIVAYA gemacht und kann nur jeden ermutigen, dies auch zu tun, weil dadurch die ganze Tiefe eines Mantras erfahren werden kann.

Im Jahr 1986 verbrachte ich einige Zeit zurückgezogen in einem tibetischen Kloster und konnte dort unter anderem ein Mantra erlernen, mit dessen Hilfe man Augenkrankheiten heilen kann. Bereits kurze Zeit nach meiner Rückkehr nach Deutschland erhielt ich dann auch schon Gelegenheit, die Wirksamkeit dieses Mantras selbst mitzuerleben.

Eine langjährige Freundin wurde in einen schweren Verkehrsunfall verwickelt, bei dem sie sich an einem Auge verletzte. Sie wurde ins nächst gelegene Krankenhaus gebracht, wo sie sich mehreren Augenoperationen unterziehen mußte. Dennoch konnten ihr die Ärzte, die sicherlich ihr Bestes gaben, nur wenig Hoffnung machen.

Ich gab ihr also das tibetische Mantra, das sie regelmäßig rezitierte. Der Heilungsprozeß machte gute Fortschritte. Die Ärzte waren irritiert und verwundert, meine Freundin jedoch ist bis heute fest davon überzeugt, daß ihr Auge mit Hilfe des Mantras wieder gesund geworden ist.

Durch Achtsamkeit und durch das bewußte Arbeiten mit Affirmationen oder Mantras entscheidet man selbst, in welchem morphogenetischen Feld man sein möchte. Es ist möglich, daß die alten Gedanken, Meinungen und Konzepte sehr hartnäckig sind, und es kann sein –, wenn erst einmal die Außenschicht abgekratzt ist –, daß noch negativere Schichten dabei zum Vorschein kommen. Doch sollte man den Mut haben, sich von all dem angesammelten Unrat und den Irrmeinungen zu befreien.

Hier nun verschiedene Mantras aus verschiedenen Religionen:

Om

Das OM ist der älteste und mächtigste Mantraklang. Er ist ein fester Bestandteil von nahezu allen hinduistischen und tibetischen Mantras und soll dazu dienen, die reinsten und höchsten Schwingungen zu erwecken.

Om Namaha Shivaya

(Mantra der Hingabe)

Ich verbeuge mich vor Shiva, dem

höchsten Selbst; oder Gott, Dein Wille - gescheheDas ist sicherlich eines der beliebtesten hinduistischen Mantras in Indien, welches gleichzeitig als Bittgebet gilt

In der hinduistischen Lehre gibt es eine göttliche Dreiheit – bestehend aus den Göttern Brama, Vishnu und Shiva –, deren Aufgabe die Schöpfung, die Erhaltung und die Auflösung ist. Shiva, der vor allem als Gott der Asketen und Einsiedler gilt – er ist der kosmische Tänzer –, fällt in dieser Einteilung die Rolle des Herrschers über die zerstörerische Energie zu, die das gesamte Universum nach Ablauf ihrer Zeit auflöst. Das Alte muß vergehen, um dem Neuen Platz zu schaffen.

Mit diesem Motto steht er für die Befreiung von falschen oder überholten Anhaftungen und Illusionen.

Nur so kann sich die Göttlichkeit jedes einzelnen Individuums manifestieren.

Om Mane Padme Hum

(Mantra des allumfassenden beziehungsweise grenzenlosen Mitgefühls)

Gepriesen sei das Juwel in der Lotusblüte:

Dies ist wohl das bekannteste und gleichzeitig auch großartigste Mantra, daß auf das Juwel des Herzens (somit ein Synonym für Buddha, den Erleuchteten) hinweist. Durch seine inbrünstige Rezitation reinigen wir unser Herz von den Fehlern der Vergangenheit und manifestieren ein universelles Wesen voller Mitgefühl.

Om Jesus Christus

Bei einem Christen erzeugt dieses Mantra den Wunsch und die innere Kraft, Jesus Christus in all seiner Pracht und Herrlichkeit nachzueifern; erfüllt mit Weisheit, Gnade und Liebe.

Ave Maria

In der katholischen Kirche ist dies ebenfalls ein sehr wirksames Mantra, es öffnet und reinigt unsere Herzen.

Bismillah ir-Rahman ir Rabin

(isl. Mantra des Mitgefühls und der Gnade)

Im Namen Allahs, des Barmherzigen:Es ist ein muslimisches Mantra und bedeutet etwa soviel wie, daß Er (Gott beziehungsweise Allah) uns hilft und reinigt, wenn wir unser ganzes Streben und Handeln allein auf Ihn richten und uns mit Ihm vereinen.

Barukh attah Adonai

(Lobpreisung)

Gesegnet seist Du, o Herr: Dies ist ein jüdisches Mantra und bedeutet, daß der Herr die Quelle aller Kraft, aller Freude ist.

Das Ziel ist, Ihn im eigenen Bewußtsein zu erkennen und mit Ihm zu verschmelzen.

Japam

Unter Japam versteht man das ständige Wiederholen eines Mantras oder einer Affirmation. Sie können es praktizieren, wenn Sie beim Einkaufen in einer Schlange stehen oder im Wartezimmer des Arztes/ Heilpraktikers die Zeit sinnvoll nutzen wollen. Sie können sich aber auch ein Mala (indische/buddhistische Gebetskette mit 108 Perlen) nehmen und dann jappen, das heißt jeden Morgen fünfmal die Mala durchbeten und dabei ein Mantra oder eine selbstgewählte Affirmation aufsagen.

Beispiele für Affirmationen

Anfänger

Ich ..... vertraue darauf, daß sich meine Affirmationen erfüllen, ob ich daran glaube oder nicht.
Jeder negative Gedanke erzeugt automatisch drei positive.

Selbstbewußtsein

Ich ..... habe das Recht, nein zu sagen, ohne dabei jemanden zu verletzten oder zu verlieren.
Ich ..... mag mich in Gegenwart anderer Menschen.
Ich ..... erfahre täglich mehr Kraft und Selbstbewußtsein.
Ich ..... achte mich und nehme mich so an, wie ich bin.

Beziehungen

Ich ..... fühle mich entspannt unter fremden Menschen.
Ich ..... drücke mich frei aus unter fremden Menschen.
Ich ..... habe den richtigen Lebenspartner.
Ich ..... bin der richtige Lebenspartner.
Ich ..... bin jetzt bereit, Liebe offen und frei zu empfangen und zu geben.
Andere mögen meine Gegenwart .
Ich ..... wähle meinen Partner selbst.

Liebe

Ich ..... bin liebenswert.
Ich ..... bin voll von Liebe.
Je mehr ich, ..., mich selbst liebe, desto mehr liebt mich mein Partner.
Mit Liebe beginne ich den heutigen Tag.
Meine Liebe vergibt alles.
Ich ..... liebe mich und andere.

Sex

Sex macht mir Spaß und ist natürlich.
Meine sexuellen Phantasien sind in Ordnung, und ich genieße sie.
Mich selbst zu befriedigen, macht mir Spaß.
Ich ..... genieße meine sexuelle Energie, und sie wirkt sich auf alle Bereiche positiv aus.
Mein Partner mag den Geruch meines Penis beziehungsweise meiner Vagina.
Ich ..... genieße meine Orgasmen.

Geld

Ich ..... arbeite gerne und bekomme dafür mehr Geld, als ich brauche.
Ich ..... verdiene mit Leichtigkeit pro Monat DM .....
Jede Mark, die ich ausgebe, kommt tausendfach zurück.
Ich ..... genieße es, Geld auszugeben.
Ich ..... bin Meister im Geld verdienen.
Ich ..... habe ein erfülltes Leben.

Körper und Gesundheit

Ich ..... bin vollkommen gesund.
Ich ..... atme frei und entspannt.
Mein Idealgewicht ist ..... kg.
Ich atme frische und gesunde Luft (ist eine gute Affirmation für Raucher, die aufhören wollen).
Je mehr ich mich und andere liebe, desto gesünder und wohler fühle ich mich.
Ich liebe meinen Körper, und er ist ein Ausdruck von Freude.

Verzeihen

Ich ..... verzeihe mir, andere verletzt zu haben.
Ich ..... verzeihe anderen, mich verletzt zu haben.
Ich ..... verzeihe meiner Familie, daß ...
Ich ..... verzeihe Freunden und Arbeitskollegen, daß .....
Ich ..... verzeihe Regierungen, daß ...

Das Verzeihen ist eine äußerst wirksame Methode, sich von Vergangenheit und damit auch von alten Schuldgefühlen zu befreien. Viele berichten, daß diese Übung des Verzeihens wahre Wunder wirkt.
Erstellen Sie sich eine Liste mit all jenen Menschen, die Sie irgendwann in Ihrem Leben einmal schlecht behandelt oder verletzt haben. Notieren Sie sich auch die Namen all derer, von denen Sie schlecht behandelt oder verletzt wurden
Ich ..... verzeihe (Name des Betroffenen), daß (Grund).

Unterstützung durch Leitgedanken

Wenn Sie einen Garten voller wunderschöner Blumen und wohlschmeckender Früchte haben möchten, müssen Sie zuerst einmal den Boden dafür bereiten.

Die Samen und Stecklinge, die Sie in den Boden bringen, müssen von Ihnen gehegt und geschützt werden. Ausreichend Wasser und Wärme tun dann das ihre, um die Pflanzen wachsen und gedeihen zu lassen.

Wenn Sie einen Garten voller wunderschöner Blumen und wohlschmeckender Früchte haben möchten, müssen Sie zuerst einmal den Boden dafür bereiten

Der Leitgedanke ist ein Samen, eine gefaßte Aussage und verleiht Ihrem Denken und Handeln eine feste Richtung. Je aufnahmebereiter Ihr Boden, also Ihr Bewußtsein ist, desto leichter wird der Same dann keimen. Je mehr Sie der jungen Pflanze Nahrung, Aufmerksamkeit und Liebe geben, desto leichter und schneller werden Sie einen Garten mit schönen Blumen und reifen Früchten haben.

Leitgedanken helfen Ihnen, Ihre Absichten schneller zu realisieren und alte Denkgewohnheiten aufzulösen.

»Ich bin Liebe«

Liebe ist Ausdruck meines Selbst.

Heute sehe ich mir meine Mitmenschen mit liebenden Augen an. Ich weiß, daß Liebe heilt und eine Umgebung schafft, in der sich sowohl die anderen als auch ich selbst mich wohl fühlen kann.

Ich danke den anderen, daß es sie gibt, denn dadurch kann ich Liebe leben, Liebe sein.

Ich liebe mich und andere.

»Ich bin offen«

Wenn ich mich öffne, komme ich in Berührung mit meinen Gefühlen wie Traurigkeit, Wut, Ohnmacht, aber auch mit Liebe und Freude.

Aus Angst vor Abweisung verschließe ich mich und verstärke dabei nur die nicht gewollte Seite.

Meine Offenheit macht mich lebendig und gibt mir Kraft.

Ich bin offen und dadurch lebendig.

»Ich bin Geduld«

Ungeduld ist eine große Energieverschwendung, trübt unser Bewußtsein und verleitet uns zu falschen Entscheidungen. Ich akzeptiere, wer und wie ich bin, ebenso die Realität, in der ich lebe. Durch Geduld und Ausdauer erreiche ich alles, was ich mir wünsche.

Ich bin am rechten Ort zur rechten Zeit.

Ich bin Geduld, ich liebe Geduld, und dafür liebe ich mich.

»Ich bin achtsam«

Oft bin ich unbewußt, handle aus Gewohnheit, oder der Kraftaufwand ist der Situation nicht angemessen, ich fühle mich ausgelaugt, und die Effektivität ist sehr gering.

Alles ist gut, wenn ich achtsam bin, dann bin ich in meiner Mitte, in meinem Kraftfluß, und ich genieße jeden Augenblick.

Weil ich mich liebe, bin ich heute achtsam und übe dies.

Ich bin achtsam und nehme meine Gedanken wahr.

Ich bin achtsam und nehme meinen Körper wahr.

Ich bin achtsam und nehme meinen Atem wahr.
Ich bin achtsam, weil ich achtsam bin.

»Ich bin Meister meiner Gedanken«

Gedanken sind kreativ und haben die Eigenschaft, sich zu manifestieren. Deshalb vermeide ich ab heute Gedanken, die mein Opferbewußtsein stärken. Diese sind: ich kann nicht, ich könnte, ich sollte, ich versuche schwierig, aber wenn nur, unmöglich.

Ich ersetze sie durch: ich bin, ich kann, ich tue, ich will.

2. Gesetz: Erkennen Sie Ihr Ziel und fokussieren Sie es

Das deutliche Erkennen der eigenen Wünsche, Bedürfnisse und Ziele ist ein großer Schritt, denn man muß dabei auch lernen, was wichtig ist und was nicht. Klare Prioritäten setzen und fokussieren; das sind die Aspekte dieses Gesetzes.

Natürlich möchte ich zum Mond fliegen, doch dafür werde ich jetzt noch keine Energie einsetzen, weil es im Augenblick erheblich wichtigere Projekte in meinem Leben gibt.

Viele Menschen wissen nicht, was sie wollen. Sie erleben nur, was sie »tun müssen«, wie zum Beispiel eine Arbeit verrichten, die ihnen überhaupt keine Freude bereitet und bei der sie obendrein auch noch viel zu wenig Geld verdienen.

Viele Menschen wissen nicht, was sie wollen. Sie erleben nur, was sie »tun müssen«

Andere möchten sich nicht festlegen, weil sie Angst davor haben, daß dies ihre persönliche Freiheit, Spontaneität und Kreativität erheblich einschränken könnte. Andere wiederum wissen zwar ganz genau, was sie möchten, aber nicht, wie sie es tatsächlich erreichen können.

Erkennen und Fokussieren beginnt damit, daß Sie erkennen lernen, was Sie wirklich wollen. Wenn Sie das erst einmal herausgefunden haben, wofür Sie ohne zu zögern meilenweit zu gehen bereit sind, sind Sie auch schon genügend motiviert, und Sie werden alle Hebel in Bewegung setzen, um dies zu erreichen.

Jahresziel

Definieren Sie Ihre Jahresziele und Jahreswünsche

Diese Übung soll Ihnen dabei helfen, Ihre Wünsche und Ziele leichter zu realisieren. Beginnen Sie damit, Ihre Wünsche und Ziele zu benennen und sich somit die reale Chance zu geben, diese Ziele dann tatsächlich zu erreichen.

Erst wenn Sie wissen, welchen Ort Sie erreichen wollen, können Sie sich auf den Weg machen und so die unendliche Freude im TUN erfahren. Auch wenn der Weg das Ziel ist, erleichtert es Ihr Leben, ein Ziel für diesen Weg zu haben.

Definieren Sie Ihre Jahresziele und Jahreswünsche für die nachfolgend aufgeführten Lebensbereiche. Beginnen Sie doch damit, diese Bereiche zuerst einmal ganz allgemein auszudrücken und werden Sie dann Stück für Stück konkreter.

Je exakter Sie dabei werden, desto sicherer bekommen Sie das, was Sie sich wünschen.

Beziehungen

(Allgemein, Lebenspartner, Freunde, Geschäftspartner)

Allgemein:

Beispiel: Ich bin der richtige Partner. Ich unterstütze in jedem Menschen das Göttliche. Ich liebe mich so wie ich bin, und andere so, wie sie sind. Mein Herz ist offen für Liebe, und mit Freude gebe und empfange ich Liebe.

Lebenspartner:

Mein/e Partner/in und ich haben eine mutige, herzliche, konstruktive, sexuell erfüllte, spannende, freudvolle und wachstumsreiche Beziehung.

Freunde:

Meine Freunde und ich unterstützen uns gegenseitig auf konstruktive Weise.(Nach Möglichkeit jetzt die wichtigsten Freunde namentlich aufführen; beschreiben, welche Art von Beziehung Sie sich mit dieser Person wünschen beziehungsweise was und wie oft Sie mit dieser Person zu tun haben wollen.)

Geschäftspartner:

Ich bin ein Gewinner, meine Geschäftspartner sind Gewinner und mit Leichtigkeit sind wir erfolgreich. Es macht uns Spaß, zusammen zu arbeiten.

Beruf

(Allgemeine und konkrete Projekte)

Allgemein:

Beruf ist Berufung. Ich erlebe viel Freude, Liebe und Selbstverwirklichung in meinem Beruf. Ich bin erfolgreich, und meine beruflichen Ziele erfüllen sich mit Leichtigkeit.

Konkret:

Sind Sie beispielsweise Musiker, sollten Sie genau aufführen, wie viele Konzerte Sie geben möchten und wie viele Zuschauer Sie sich dabei wünschen. Vielleicht wollen Sie bis zu einem bestimmten Zeitpunkt einen neuen Plattenvertrag, die Plattenfirma gibt DM .... Vorschuß, im ersten Jahr werden soundso viele CDs und MCs verkauft ... Haben Sie ruhig den Mut, ganz konkret zu werden. Wollen Sie zum Beispiel 10 000 CDs verkaufen, dann müssen Sie sicher andere Verträge mit der Plattenfirma schließen, als wenn Sie nur 100 verkaufen möchten.

Gesundheit

Mein physischer, emotionaler und geistiger Körper sind Ausdruck von Freude und Lebendigkeit. Ich bin mit meinem höchsten Selbst verbunden.

Dreimal im Jahr Warmwasserrebirthing. Einmal im Monat eine Feuerzeremonie.

Freizeit und Vergnügen

Zweimal im Monat ein Saunabesuch. Zweimal im Jahr vier Wochen Urlaub.

Fortbildung

Zum Beispiel eine Ausbildung zum Abteilungsleiter.

Eigene Rubriken

Hier kann jeder selbst eigene, für ihn wichtige Punkte aufführen. Zum Beispiel: Bis spätestens Ende Oktober 1997 ist das oberste Stockwerk des Hauses vollständig renoviert.

Eine wirklich gesunde Jahresplanung sollte sowohl private als auch berufliche Bereiche berücksichtigen. Dabei sollten beide Bereiche ausgewogen sein und den ganzen Menschen betreffen, das heißt, ganzheitlich sein.

Eine gesunde Jahresplanung sollte private und auch berufliche Bereiche berücksichtigen

Lassen Sie sich ruhig für die Jahresplanung einen ganzen Tag Zeit, und korrigieren Sie sie die ersten paar Wochen regelmäßig. Sie werden merken, daß allein schon die Planung bereits einiges in Ihrem Leben bewirkt. Wenn Sie dann Ihre Jahresplanung vollständig abgeschlossen haben, ist es an der Zeit, die nächste Phase in Angriff zu nehmen, und die heißt

TUN. Ein Lieblingssatz von mir ist: Nicht gackern, sondern Eier legen.

Durchforschen Sie nochmals Ihre Jahresplanung auf Durchführbarkeit und genügend »nicht-organisierte Freizeit«. Haben Sie nicht genügend Freiräume eingeplant, sollten Sie Ihre Jahresplanung unbedingt reduzieren, denn sonst quälen Sie sich nur. Achten Sie auf die Durchführbarkeit. Viele Menschen überlisten sich selbst, indem sie ein destruktives Programm erstellen und sich einfach zuviel vornehmen, damit dann letzten Endes doch wieder nichts dabei herauskommt. Also frei nach dem Motto: Ich habe es doch von Anfang an gewußt, daß ich es nicht schaffe, mein Leben in den Griff zu bekommen. Oder: Ich möchte mein Leben nicht verplanen, denn dann habe ich ja keine Zeit mehr für mich selbst.

Eine ordentliche Jahresplanung soll Ihnen jedoch keine Zeit stehlen, sondern lediglich dabei helfen, das Wesentliche vom Unwesentlichen zu unterscheiden. Dadurch haben Sie dann mehr freie Zeit und sind dennoch erfolgreicher als bisher.

Überlegen Sie sich genau, bis wann Sie ein gestecktes Ziel erreicht haben wollen

Versehen Sie nun all Ihre konkreten Projekte mit einer möglichst exakten Zeitvorgabe, das heißt, überlegen Sie sich genau, bis wann Sie ein gestecktes Ziel erreicht haben wollen. Dabei kann es sich als hilfreich erweisen, daß Sie größere, zeitaufwendigere Projekte in einzelne Untergruppen unterteilen. Das ist auf jeden Fall sinnvoll, um den Überblick zu behalten.

<u>Zum Abschluß:</u> Nachdem Sie die Jahresplanung vollständig abgeschlossen haben, legen Sie sie nicht einfach beiseite, etwa an einen Ort, den Sie nie oder aber nur selten erreichen können, sondern übertragen Sie die Jahresplanung in Ihren Terminkalender und lesen Sie sie regelmäßig durch. Oder seien Sie einfach kreativ, und lassen Sie sich Ihre Jahresplanung von Ihrem Partner vorlesen.

Das Lebensziel

Für diese Übung sollten Sie sich einige Stunden Zeit nehmen. Trauen Sie sich ruhig, Ihre Lebensziele auf ein Blatt Papier zu schreiben. Seien Sie achtsam. Wenn Sie diese Übung zum ersten Mal durchführen, ist es ratsam, über einen gewissen Zeitraum hinweg täglich Ihre Lebensziele zu überprüfen. Sie können sie so lange ergänzen oder verändern, bis Ihre Lebensziele für Sie stimmen. Mit dieser Übung soll erreicht werden, daß jede Entscheidung und jede Handlung Sie ein Stück näher an Ihr eigenes Lebensziel heranbringt.

3. Gesetz: Haben Sie Geduld

Geduld bedeutet, in seinem eigenen Mittelpunkt zu bleiben; nicht sofort auf die Dinge im Außen zu reagieren, sondern zuerst einmal sondieren, was die angemessene Aktion ist, sei es nun an Kraft, an Gefühl oder auch nur an Worten. Geduld ist der wesentliche Schlüssel, wenn es darum geht, die eigene Mitte zu erreichen und dennoch erfolgreich zu sein. Zudem ist es die wichtigste Basis im Zusammenleben mit anderen Menschen, damit eine konstruktive Gemeinschaft und Frieden entstehen kann.

Geduld wird in unserer Zeit gern im Sinne von Durchhalten gebraucht, die Zähne fest zusammenzubeißen und zu kämpfen. Sind wir ungeduldig, so sind wir mit unseren Gedanken nicht in der Gegenwart, sondern bereits in der Zukunft und wünschen uns, daß etwas bereits eingetreten sei. Oder wir erwarten von anderen Menschen, daß sie sich ändern, daß das Außen, und damit andere Menschen oder Dinge, unsere eigene innere Unzufriedenheit und unsere Unausgeglichenheit heilen kann.

Zur Geduld gehören Klarheit, Energie und Disziplin. Damit meine ich nicht etwa die Disziplin, die uns von anderen (Eltern, Partner, Vorgesetzten, Nachbarn) auferlegt worden ist, um deren Vorstellungen gerecht zu werden. Ich meine vielmehr die Fähigkeit, die Dinge um sich herum klar zu sehen und mit dem eins zu sein, was jetzt ist (ohne sich dabei von den Ängsten aus der Vergangenheit oder Zukunft beherrschen zu lassen).

Zur Geduld gehören Klarheit, Energie und Disziplin

»Ich hatte oft Angst verhungern zu müssen«, oder »es nicht zu schaffen«. Die Angst steckt hierbei in dem Zusatz »es nicht zu schaffen«. Diese Furcht ist rein objektiv gesehen vollkommen irrational. Doch wenn sie da ist, erscheint uns oft das gerade Irrationale höchst vernünftig. Wir suchen nach den Gesetzmäßigkeiten des Lebens viel zu häufig im Außen, anstatt in unserem Inneren.

Eine Karte aus meinen Affirmationskarten heißt:

»Ich bin Geduld«

»Ungeduld ist eine grenzenlose Energieverschwendung, trübt unser Bewußtsein und verleitet uns zu falschen Entscheidungen.
Ich akzeptiere, wer und wie ich bin, ebenso die Realität, in der ich lebe. Durch Geduld und Ausdauer erreiche ich alles, was ich mir wünsche.
Ich bin am rechten Ort zur rechten Zeit. Ich bin Geduld, ich lebe Geduld, und dafür liebe ich mich.«

Wenn wir zum Beispiel daran zweifeln, ob wir den ungeliebten Beruf wirklich aufgeben sollen, dann schleichen sich plötzlich all die vernünftigen »objektiven« Gedanken über die herrschende Rezession, mögliche Arbeitslosigkeit und daß in der Dritten Welt jeden Tag unzählige Menschen verhungern müssen, in unser Bewußtsein hinein.

Im Jahr 1984 wagte ich selbst diesen Schritt und begann damit, Rebirthingsitzungen zu geben. Diese Arbeit machte mir von Anfang an viel Freude und es fiel mir leicht, während der Arbeit in der Gegenwart zu sein. Ich trauerte nicht der Vergangenheit nach und hatte seltsamerweise auch überhaupt keine Angst vor der Zukunft.

Überlegen Sie sich, wieviel Freiheit Sie haben, um auf Dinge im Außen zu reagieren

Ich ging vollkommen in der Gegenwart auf, war zufrieden, ausgeglichen und voller Geduld bei meiner Arbeit als Rebirther. Doch wenn ich einmal keine Sitzungen gab, beschlichen mich sofort wieder die alten Zweifel: Was geschieht, wenn niemand mehr kommt, um bei mir Stunden zu nehmen, werde ich dann überhaupt überleben können? Nach und nach gewann dann jedoch das sättigende Gefühl von tiefer Zufriedenheit die Oberhand, das mir durch meine Arbeit immer wieder zuteil wurde, es wurde größer und hielt länger an. Mein »Hunger« löste sich so ganz langsam auf, bis er völlig verschwunden war.

Übung:

Um im eigenen Mittelpunkt verankert zu bleiben und nicht ständig wieder auf die Dinge im Außen zu reagieren, ist es notwendig, den Gedankenimpuls von der Aktion zu trennen. Wenn Ihnen beispielsweise jemand sagt, daß Sie ein besonders netter Mensch sind, wird durch die »Körperchemie« ein Gefühl von Freude hervorgerufen. Doch wenn Ihnen jemand vorwirft, ein ausgewachsener Idiot zu sein, werden Sie tief bestürzt sein oder vielleicht sogar augenblicklich zum Gegenangriff übergehen.

Überlegen Sie sich, wieviel Freiheit Sie tatsächlich haben, um auf die Dinge im Außen zu reagieren. Wie verhalten wir uns in der Regel, wenn das Telefon läutet oder es an der Tür klingelt? Nehmen wir nicht automatisch den Hörer ab oder gehen an die Tür, ohne zu überlegen, ob wir jetzt wirklich mit der Außenwelt in Kontakt treten wollen?

Wenn wir auf unsere persönlichen Eigenheiten achten, dann können wir genau daraus eine spezielle Übung für uns selbst entwickeln. Suchen Sie nach einem

Verhalten in Ihrem Leben, bei dem sich ein Automatismus bis hin zu einem leichten Zwang eingeschlichen hat. Es könnte sein, daß Sie sich zum Beispiel alle fünf bis zehn Minuten mit der Hand durchs Haar streichen oder aber auch andere banale Dinge tun, wie mit viel zuviel Kraft die Türklinke zu drücken.

Die Übung besteht ganz einfach darin, daß Sie den ersten Impuls von der eigentlichen Aktion trennen. Wenn Sie beispielsweise das Klingeln des Telefons hören, so heben Sie den Hörer erst ab, nachdem Sie für sich bis drei gezählt haben. Ein solcher Impuls ist auch, wenn Sie automatisch und nicht bewußt Zigaretten rauchen, so als würde es eine unsichtbare Hand geben, die die Zigarette aus der Schachtel holt und sie für Sie anzündet. Bevor Sie sich also die nächste Zigarette anzünden, zählen Sie bis drei und überlegen sich dabei gleichzeitig, ob Sie diese Zigarette wirklich rauchen wollen. Und wenn Sie sich dafür entschieden haben, dann rauchen Sie diese Zigarette bewußt – Zug um Zug.

4. Gesetz: Lassen Sie los

Loslassen heißt, den nächsten, wesentlichen Schritt zu erkennen und ihn dann auch umzusetzen, egal ob bei der Arbeit oder in der Freizeit. Ausschlaggebend ist es, im Tun die göttliche Energie zu erkennen, zu erleben und zu feiern.

Ausschlaggebend ist es, im Tun die göttliche Energie zu erkennen, zu erleben und zu feiern

Viele Menschen glauben noch immer, »Loslassen« bedeute, nicht mehr an seine Probleme mit Geld, dem Partner etc. zu denken. Doch Loslassen bedeutet nicht, Probleme zu verdrängen oder sie einfach nicht mehr wahrhaben zu wollen.

Wichtig für das wirkliche Loslassen ist das Selbstvertrauen und die Erkenntnis, daß wir fähig sind, Kraft und Weisheit in uns selbst zu aktivieren. Vielleicht ist dieses Potential bei Ihnen im Augenblick noch tief verborgen, doch es ist ganz sicher, daß, so wie sich bereits in einem Samenkorn eine ganze Pflanze verbirgt, auch wenn wir sie noch nicht sofort sehen können, auch bei Ihnen diese Fähigkeit vorhanden ist.

Wenn wir unsere notwendige beziehungsweise mögliche Arbeit mit Liebe und Aufmerksamkeit getan haben, können wir loslassen und uns völlig dem Augenblick hingeben.

Eine kleine Geschichte über Frosch und Kröte kann uns dies noch verdeutlichen:

Der Frosch war in seinem Garten und die Kröte kam vorbei. »Was für einen schönen Garten du hast«, sagte sie. »Ja«, sagte der Frosch, »so ein Garten macht aber viel Arbeit.« »Ich wollte, ich hätte einen Garten«, sagte die Kröte. »Hier sind einige Blumensamen. Stecke sie in den Boden«, sagte der Frosch, »und bald wirst du einen Garten haben.« »Wie bald?« fragte die Kröte. »Recht bald«, sagte der Frosch.

Die Kröte rannte nach Hause und steckte die Blumensamen in den Boden. »Nun Samen«, sagte die Kröte, »fangt an zu wachsen.« Die Kröte lief einige Male auf und ab, die Samen begannen nicht zu wachsen. Die Kröte hielt ihren Kopf nahe zum Boden und sagte laut: »Nun Samen, fangt zu wachsen an.« Die Kröte schaute wiederum zum Boden. Die Samen fingen nicht an zu wachsen. Die Kröte hielt ihren Kopf ganz nahe zum Boden und schrie: »Nun Samen, fangt endlich an zu wachsen.« Der Frosch kam herbei gerannt. »Was ist das für ein Lärm?« fragte er. »Meine Samen fangen nicht zu wachsen an«, sagte die Kröte. »Du schreist zuviel«, sagte der Frosch. »Diese armen Samen haben Angst zu wachsen.« »Meine Samen haben Angst zu wachsen?« fragte die Kröte. »Natürlich«, sagte der Frosch, »laß sie für ein paar Tage in Ruhe. Laß die Sonne sie bescheinen, laß den Regen auf sie fallen, bald werden die Samen zu wachsen beginnen.«

Diese Nacht schaute die Kröte zum Fenster hinaus. »Ach«, sagte die Kröte, »meine Samen haben noch nicht zu wachsen begonnen. Sie müssen sich vor der Dunkelheit fürchten.« Die Kröte ging mit ein paar Kerzen in ihren Garten. »Ich werde den Samen eine Geschichte vorlesen«, sagte die Kröte, »dann werden sich die Samen nicht mehr

fürchten.« Die Kröte las den Samen eine lange Geschichte vor. Den ganzen nächsten Tag sang die Kröte den Samen Lieder vor. Und den nächsten Tag las die Kröte Gedichte vor.
Die Kröte schaute auf den Boden. Die Samen fingen immer noch nicht zu wachsen an. »Was soll ich tun?« schrie die Kröte, »dies müssen die ängstlichsten Samen auf der ganzen Welt sein.« Dann wurde die Kröte sehr müde und schlief ein.
»Kröte, Kröte, wach auf«, sagte Frosch. »Schau deinen Garten an.« Kleine grüne Pflänzchen sprossen aus dem Boden hervor. »Endlich«, rief die Kröte, »meine Samen haben aufgehört, Angst zu haben zu wachsen.« »Und jetzt wirst du auch einen schönen Garten haben«, sagte der Frosch.
»Ja«, sagte die Kröte, »aber du hast Recht gehabt, Frosch. Es war eine sehr sehr harte Arbeit.«

Wie sieht eine Rebirthingsitzung aus?

Vorbereitung

Bevor die eigentliche Atemsitzung beginnt, haben Sie erst einmal Gelegenheit zu erzählen, wie es Ihnen im Moment geht, was seit der letzten Sitzung alles passiert ist und was Sie zur Zeit besonders bewegt beziehungsweise ob es ansteht, in Ihrem Leben etwas Besonderes zu verändern. Dabei kann es durchaus sein, daß bereits dieses Gespräch Sie tief berührt und somit auch Gefühle ausgelöst hat, die dann in der folgenden Rebirthingsitzung mit eingebunden und aufgearbeitet werden.

Eine klassische Rebirthingsitzung beginnt im Liegen

Eine klassische Rebirthingsitzung beginnt im Liegen – auf dem Boden. Es ist gut, sowohl den Kopf als auch die Knie leicht erhöht zu haben, damit der Rebirthee (so wird der Atmende genannt) bequem liegt und eine gerade Wirbelsäule hat. Sind diese Voraussetzungen gegeben, fängt die eigentliche Sitzung damit an, daß der Atmende sein Bewußtsein auf die Atmung lenkt und erst einmal wahrnimmt beziehungsweise erfährt, wie momentan sein eigenes Einatmen/Ausatmen ist. Dabei kann es hilfreich sein, zu Beginn erst einmal eine Hand auf den

Bauch und eine Hand auf die Brust zu legen, wodurch das Atmen nicht nur der intellektuellen Wahrnehmung unterliegt, sondern vielmehr zu einem Erfühlen und Erfahren wird. Denn noch bevor man daran geht, etwas an seinem Atem zu verändern oder eine Veränderung überhaupt zuläßt, ist es sinnvoll und wichtig zu sehen, wie der Atem JETZT im Moment ist. Ist dieser Prozeß abgeschlossen, macht man eine kurze Pause von etwa einer Minute, in welcher man dann einfach spüren kann, wie jetzt die Atmung ist.

Beobachten Sie das Einatmen, das Ausatmen.

Atmen Sie in die Brust oder in den Bauch?
Atmen Sie aktiv ein oder aktiv aus?
Ist alles gleich leicht oder erkennen Sie Unterschiede?

Hinweis:
Oftmals ist es so, daß uns ein Teil leichter fällt und uns ein anderer größere Schwierigkeiten bereitet. Ein Asthmatiker etwa wird feststellen, daß das Ausatmen für ihn schwerer ist, während der Ängstliche eher Schwierigkeiten beim Einatmen feststellt.

Verlauf der Sitzung

Zu Anfang ist es erst einmal hilfreich, gezielt den Teil der Atmung zu aktivieren, der uns am vertrautesten ist, zum Beispiel in den Bauch einzuatmen, möglichst etwas kräftiger (es geht hier nicht um das Aufblähen des Bauches oder des Brustkorbes, sondern einzig darum, ein kleines bißchen kräftiger und tiefer einzuatmen), und beim Ausatmen total passiv zu bleiben. Mit diesem uns vertrauten Atemmuster fällt es leichter, sich dem Atemprozeß hinzugeben. Danach beginnen wir langsam damit, die Einatmung mit der Ausatmung zu verbinden und die Ausatmung mit der Einatmung so zu verknüpfen, daß daraus dann ein kreisförmiges Atmen wird. Bei dieser Übung geht es nicht darum, daß wir eine Atemmaschine werden, sondern daß ein ruhiges, fließendes Atmen entsteht.

Es kann durchaus sein, daß dieses verbundene Atmen gerade zu Beginn etwas anstrengend ist. Doch schon nach einer Weile bekommt der Atem seine eigene Dynamik, und die Blockaden lösen sich. Der Atem wird frei und aus einem anfänglich schweren Atemrhythmus wird nach und nach ein leichter Atemfluß. Erst jetzt beginnt man zu spüren, daß der Atem ein Fluß ist und man von diesem

Atemfluß durch alle Erscheinungen getragen wird. Plötzlich tauchen Gedanken, innere Bilder und Körperreaktionen auf, zum Beispiel ein Kribbeln in den Händen. Dabei gibt es nichts weiter zu tun, als sich einfach dem Erfahren des Atemflusses zu öffnen, ohne in die Bewertung zu gehen. Wenn der Atmende für eine Weile in diesem Atemprozeß bleibt, werden seine Gedanken ruhiger. Der Zustand, der dabei entsteht, läßt sich meiner Ansicht nach am besten so beschreiben, als würde man ein Tor durchschreiten, hinter dem sich immer neue Räume befinden. Diese Räume sind angefüllt mit den Erinnerungen aus der Kindheit bis zurück zur Geburt und sogar noch darüber hinaus. Gleichzeitig werden dabei jedoch auch neue, oftmals ungeahnte spirituelle Dimensionen in uns geweckt – im Extremfall sind selbst Kundalinierfahrungen möglich – von deren Existenz wir bislang nichts ahnten.

Das Spektrum der Möglichkeiten ist nahezu grenzenlos. Manche Sitzungen sind ruhig und sanft, während andere wild und dramatisch verlaufen. Der Atmende weiß jedoch immer, daß er sich gerade in einer Rebirthingsitzung befindet und bekommt jede Einzelheit auch völlig bewußt mit. Der Atem dient sozusagen als Vehikel, um zu dem gerade angesprochenen Tor zu gelangen, und es geht darum, alles was in diesem Zustand gefühlt, gedacht und erlebt wird, einfach zuzulassen und dann Schritt für Schritt diese Energien konstruktiv für sich und andere zu nutzen.

Im Anschluß an die Atemsitzung oder zu Beginn eines neuen Termins wird die Sitzung und das Erlebte besprochen beziehungsweise Kernsätze oder tiefe Lebensmuster herausgeschält und nach neuen und sinnvollen Möglichkeiten für den Alltag gesucht.

Übung 1:

- Legen Sie sich auf eine Decke oder auf eine Matratze und legen Sie eine Hand auf den Bauch und eine Hand auf den Brustbereich (ermitteln Sie die Stelle, in der das Atmen am leichtesten ist und legen Sie dorthin Ihre Hand). Atmen Sie in diese Handfläche zehn Atemzüge und überprüfen Sie erneut Ihre Atmung.
Hat sich etwas verändert?
- Wiederholen Sie dies noch einmal, und atmen Sie dann anschließend in den anderen Bereich beziehungsweise in die andere Handfläche.
- Wiederholen Sie dieses ebenfalls und legen Sie dann Ihre Hände auf die Seite und nehmen Sie erneut Ihre Atmung wahr.

■ Sollte sich während der Übung bereits ein Kribbeln eingestellt haben, so beenden Sie diese Übung, stehen auf und wiederholen die Übung ein paar Tage später.
■ Lassen Sie zwischen der Übung 1 und der Übung 2 ein paar Tage vergehen.

Übung 2:

Atmen ist normalerweise ein nahezu vollständig unbewußter Vorgang

■ Wiederholen Sie die Übung 1; am Schluß der Übung 1 beginnen Sie Ihre Einatmung mit der Ausatmung zu verbinden und eine kreisförmige Atmung für etwa fünf Minuten auszuführen.
■ Beobachten Sie jetzt Ihre Atmung und spüren Sie, wie Sie sich fühlen

Hyperventilation

Viele Rebirthingneulinge haben Angst vor der Hyperventilation, die auch tatsächlich häufig vorkommt (bei der es sich jedoch weder um einen Sauerstoffrausch noch um eine Sauerstoffvergiftung handelt, wie fälschlicherweise oft angenommen). Doch seltsamerweise tritt sie nur während der ersten Sitzungen auf.

Was aber geschieht im Körper?

Atmen ist normalerweise ein nahezu vollständig unbewußter Vorgang. Ein kerngesunder Mensch muß in Ruhelage sein Atemvolumen mindestens verdoppeln, um seinen Atem bewußt wahrzunehmen. Bei der Technik des Rebirthing atmet man etwas schneller und tiefer, was den Sauerstoffgehalt im Blut erhöht. Dies wirkt höchst erfrischend und belebend, ohne dabei unangenehme Reaktionen hervorzurufen. Gleichzeitig wird jedoch vermehrt Kohlendioxyd ausgeatmet, wodurch der Blutsäuregehalt verringert wird. In weniger saurem Blut binden die Eiweiße mehr Kalzium und der Spiegel des freien Kalziums im Blut sinkt ab. Dadurch wird die Empfindlichkeit und damit auch die Erregbarkeit von Nerven und Muskeln gesteigert. Diese sogenannte »neuromuskuläre Erregbarkeit« führt zu folgenden Hyperventilationssymptomen:

1. Die verstärkte Erregbarkeit der Nerven wird vor allem als ein Kribbeln in Armen, Beinen und der Mundregion wahrgenommen; die gesteigerte Tätigkeit des empfindlichen Nervensystems kann kurzfristig zu Schwindel, Benommenheit oder sogar Sehstörungen führen.

2. Die erhöhte Empfindlichkeit der Skelettmuskulatur kann zu Muskelver-

krampfungen an Händen, Füßen oder dem Mund führen. Das Ergebnis ist dann die sogenannte »Pfötchenstellung« oder das »Karpfenmaul«.

3. Durch eine Verengung der Blutgefäße in Armen und Beinen kann es zu einem ausgeprägten Kältegefühl kommen. Außerdem wird die Wasserausscheidung angeregt, weshalb viele Rebirthee nach einer Atemsitzung einen starken Harndrang verspüren.

Das alles hört sich äußerst unangenehm an, doch aus meiner eigenen langjährigen Praxis kann ich mit ruhigem Gewissen sagen, daß ich es noch niemals erlebt habe, daß jemand in einer Sitzung wirklich bedrohliche Hyperventilationssymptome bekommen hat. Es ist aber eine interessante Tatsache, daß Menschen, die genügend Rebirthingsitzungen hinter sich haben, nicht mehr in die Hyperventilation geraten, obwohl sie genauso intensiv atmen und auch die biochemischen Vorgänge in gleicher Weise ablaufen. Ein Facharzt für Neurologie und Psychiatrie hat sich 1984 in einer Universitätsklinik unter ärztlicher Aufsicht einem Selbstversuch unterzogen. Die Ärzte waren über das Ausmaß der Blutgasveränderung fassungslos, doch noch mehr waren sie darüber erstaunt, daß er dabei überhaupt nicht hyperventilierte. Dies kann dadurch erklärt werden, daß die Hyperventilation nicht nur auf der rein physischen Ebene stattfindet; entscheidend ist dabei ebenso die eigene innere Haltung, die Gedanken und Emotionen. Leonard Orr hat einmal gesagt: »Freies und entspanntes Atmen ist vollkommen harmlos, Ihre Gedanken sind es nicht.«

Freies und entspanntes Atmen ist vollkommen harmlos

Die innere Blockade

In aller Regel kommt es nur dann zu einer Hyperventilation, wenn der Atmende den Atem in irgendeinem Bereich des Körpers nicht zulassen will – dies geschieht meist vollkommen unbewußt. Wenn man sich seinem Atem nicht vollständig öffnet, ihn teilweise sogar unterschwellig ablehnt, versucht man damit häufig unangenehmen Empfindungen aus dem Weg zu gehen. Das Unterbewußtsein ahnt, daß irgend etwas im Verborgenen liegt, das nicht bewußt wahrgenommen werden möchte. Egal, ob es sich bei diesem »Etwas« um Ängste, Sorgen, seelische Schmerzen, Trauer oder sogar Wut handelt, das Unterbewußtsein hat seinen Abwehrmechanismus eingeschaltet und weigert sich so, diesen Zustand anzunehmen. Dieses geradezu krampfhafte Festhalten an einer nur scheinbar heilen Welt läßt im Körper hartnächkige Verkrampfungen entstehen, die sich nur schwer wieder auflösen lassen.

Jeder der Rebirthing betreibt, bestimmt über jeden Schritt seiner Entwicklung selbst

Die Aufgabe eines fachkundig ausgebildeten Rebirthers ist es, einem hyperventilierenden Klienten soviel persönlichen Raum, Geborgenheit und Sicherheit zu vermitteln, daß dieser den Schritt aus seiner Verkrampfung wagen und gleichzeitig seine Selbstkontrolle aufgeben kann. Je mehr Einfühlungsvermögen ein Rebirthinglehrer hat, um so leichter fällt es dem Rebirthee, seine Ängste auch wirklich loszulassen. Ein tiefes Vertrauensverhältnis zwischen beiden ist dabei jedoch die wichtigste Voraussetzung. Sind diese Grundbedingungen erfüllt, ist es gar nicht selten, daß der Rebirthee – trotz Krämpfen – sogar noch intensiver atmet und somit auch seine letzten inneren Barrieren durchbricht. Aus meiner eigenen langjährigen Erfahrung weiß ich, daß derartige Sitzungen gelegentlich höchst dramatische Formen annehmen können und mit heftigem Weinen und Schreien verbunden sind. Nachdem der Rebirthee seine inneren Fesseln jedoch – auf diese oder ähnliche Weise – gesprengt hat, gerät er oftmals in einen geradezu ekstatischen Entspannungszustand. Ein guter Rebirthinglehrer muß währenddessen jedoch einen klaren Verstand bewahren und darf auf gar keinen Fall der Versuchung erliegen, seine Klienten noch zusätzlich zu pushen, um ihnen künstlich zu diesem Erlebnis zu verhelfen.

Jeder, der beschließt, Rebirthing zu »betreiben«, bestimmt über jeden Schritt seiner Entwicklung selbst!

Bei extremer Hyperventilation kann sogar ein vorübergehender Atemstillstand eintreten. Dies ist ein Schutzmechanismus, damit sich das Blut im Körper wieder mit ausreichend Kohlensäure anreichern kann. Auch hier ist ein außerordentlich tiefes Vertrauensverhältnis und größte Sachkenntnis eines erfahrenen Rebirthers unerläßlich. Der Klient driftet in so einem Fall sehr weit in seinen unbewußten Bereich ab.

Nach den in diesem Kapitel vorangegangenen Ausführungen dürfte klar geworden sein, daß es sich bei der Hyperventilation um eine reine Anfängererscheinung bei einem noch unerfahrenen Rebirthingneuling handelt. Diese wird augenblicklich verschwunden sein, sobald sich bei dem »Neuling« das vollständige Vertrauen in den eigenen Atem erst einmal eingestellt hat. Die fachmännische Unterstützung eines wirklich erfahrenen Lehrers ist dabei eine enorme Hilfe und bietet auch die erforderliche Sicherheit.

Das Wasser

Neben Feuer, Erde und Luft ist das Wasser ein unentbehrliches Grundelement, ohne das es kein Leben geben kann. So ist es auch nicht weiter verwunderlich, daß dem Wasser bereits seit dem Beginn der Menschheitsgeschichte tiefe kultische Verehrung zuteil wurde. Die frühen Hochkulturen (Sumerer, Ägypter, Nubier und Griechen) betrachteten das Wasser als den Ursprung allen Lebens und brachten ihm ihre Opfer dar, um es gnädig zu stimmen. Aber auch heute in unserer hochtechnisierten Gesellschaft genießt Wasser in religiösen Handlungen noch immer tiefe Verehrung.

Neben seiner spirituellen Bedeutung erkannten die Menschen aber auch schon frühzeitig seine heilende Wirkung – für Geist und Körper – und machten sie sich nutzbar. Das berichtet bereits der große griechische Schriftsteller Euripides (485/484 v. Chr. – 456/455 v. Chr.), der selbst durch intensive Wasseranwendungen, die ihm ägyptische Ärzte verordnet hatten, von einer schweren Krankheit geheilt worden war. In seiner Tragödie *Iphigenie bei den Taurern* heißt es, daß Wasser sämtliche Gebrechen der Menschen heilen könnte. Und auch der geistige Vater der modernen Medizin, Hippokrates (ca. 460 v. Chr. – 370 v. Chr.), führt in seinen Schriften die heilsame Wirkung von Bädern, Waschungen, Aufgüssen und Wickeln immer wieder ausführlich auf. Durch die extrem körperfeindliche Haltung des Christentums geriet das uralte Wissen um die heilbringende Wirkung des Wassers für lange Zeit in Vergessenheit. Erst der bayerische Pfarrer Sebastian Kneipp (1821 – 1897), der noch heute als der Begründer der Hydrotherapie betrachtet wird, griff die Heilkraft des Wassers wieder auf.

Dem Wasser wird seit Beginn der Menschheitsgeschichte tiefe kultische Verehrung zuteil

Rebirthing und Wasser

Rebirthing beinhaltet nicht nur Atemsitzungen und damit das Element Luft, sondern auch die anderen Elemente. Das Element Wasser reinigt den Körper nicht nur von äußerem Schmutz, sondern auch von fremden Energien. Wenn wir uns nach einem unangenehmen Besuch beispielsweise unwohl fühlen oder nachdem wir länger in Kaufhäusern unterwegs waren, ist ein Bad oder eine Dusche das beste Mittel, um sich anschließend wieder wohl in seiner Haut zu fühlen.

Zusätzlich besitzt das Wasser auch noch stark heilende Kräfte und kann, richtig angewendet, als Medizin genutzt werden. Leider ist gutes Wasser ähnlich wie gute Luft selten und wertvoll geworden. Inzwischen wird Wasser auch immer mehr zu therapeutischen Zwecken eingesetzt. Es gibt Watsu, Aquabalancing, Salzwassertanks und vieles mehr, wobei nicht mehr nur die körperliche Entspannung im Vordergrund steht, sondern auch der Geist völlig neue Dimensionen der Entspannung erreicht.

Rebirthing macht sich die reinigende und heilende Kraft des Wassers zunutze. Es gibt sowohl Kaltwasser-Rebirthing- als auch Warmwasser-Rebirthingsitzungen, wobei jeweils eine Atemsitzung in diesem Element durchgeführt wird.

Ratschläge zum allgemeinen Gebrauch von Kaltwasseranwendungen

Zu beachten ist, daß der Körper vor Beginn richtig erwärmt ist. Mit einem fröstelnden oder gar unzureichend gewärmten Körper sollten diese Übungen niemals gemacht werden. Wichtig ist auch, daß nach jeder Anwendung eine ausreichende Ruhephase eingehalten wird. Mißachtet man diese Regel, so wird die Wirkung auch nur äußerst gering sein, da sich der Organismus nicht richtig umstellen kann, und eine Heilung so verhindert wird.

Es ist absolut notwendig, sich bei Kaltwasseranwendungen immer genügend Zeit zu lassen, um sich nicht selbst durch Luftanhalten, Gefühlsunterdrückung und Muskelanspannung zu blockieren. Doch leider wird das bei dieser Anwendung oft ignoriert.

Anstatt das kalte Wasser zu benutzen, um die verborgensten Tiefen des Bewußtseins langsam an die Oberfläche zu holen, wird das kalte Wasser vielfach dazu mißbraucht, um noch mehr Distanz zwischen sich und seine Gefühle zu bringen. So aber kann niemals eine Einheit mit dem Element Wasser erlebt werden.

Hinweis:

- Die Wassertemperatur sollte stets zwischen etwa zehn und 15 °Celsius liegen.
- Es ist empfehlenswert, Wickel, Waschungen oder Aufgüsse mit kaltem Wasser regelmäßig über einen Zeitraum bis zu drei Wochen vorzunehmen und danach eine Regenerationspause von ca..fünf Wochen einzulegen.
- Nehmen Sie sich genügend Zeit, um alle Gedanken und Wahrnehmungen an die Oberfläche kommen zu lassen. Halten Sie sich vor Augen, daß es absolut keinen Grund gibt, irgend etwas abzulehnen oder zu unterdrücken.

- Hören Sie rechtzeitig auf, wenn es Ihnen zuviel wird; lassen Sie sich immer genügend Zeit, bevor Sie erneut beginnen.
- Machen Sie niemals Kaltwasseranwendungen direkt nach dem Essen; warten Sie mindestens zwei Stunden ab. Der Grund hierfür ist, daß nach einer Mahlzeit die Blutgefäße des Verdauungstraktes mit Blut gefüllt sind.
- Behandeln Sie nie einseitig nur einen Körperteil, es sei denn, Sie haben diesen ganz bewußt ausgewählt.

Kaltwassergüsse

Bei einem Guß wird in der Regel das Wasser entweder mit einem Gefäß oder mit einem Wasserschlauch gleichmäßig auf den gesamten Körper oder auch nur auf einen ganz bestimmten Körperbereich gegossen. Von Sebastian Kneipp ist der Satz: »Wer das Gießen versteht, ist ein Künstler in der Heilkunst« überliefert. Damit wollte er zum Ausdruck bringen, daß ein Guß immer mit besonderer Sorgfalt und Liebe ausgeführt werden sollte.

Bei der Verwendung eines Wasserschlauches ist zu beachten, daß die Mündung nicht größer als 18 bis 20 mm ist. Außerdem sollte der Abstand zwischen Schlauch und Körper nicht mehr, aber nicht weniger als etwa 15 cm betragen.

Die Dauer einer Anwendung sollte im allgemeinen eine Minute nicht überschreiten. Bei kranken Menschen kann eine Behandlung jedoch auch kürzer sein. In der Kneippschen Hydrotherapie wird zwischen Vollguß, Rückenguß, Knieguß und Schenkelguß unterschieden.

Vollguß

In aller Regel wird der Vollguß im Stehen durchgeführt, bei behinderten oder gebrechlichen Menschen kann der Guß jedoch auch im Sitzen (auf einem Stuhl oder Schemel) erfolgen. Begonnen wird dabei mit den Zehen und der Rückseite des rechten Beins und man fährt ganz allmählich mit dem Wasserstrahl nach oben bis zur Schulter und bringt von dort aus dann den gesamten Körper mit dem Wasser in Kontakt. Danach verfährt man ebenso mit der Körpervorderseite bis hinauf zum Rumpf, umkreist mit dem Wasserstrahl leicht die Brust und geht dann wieder zum Rumpf zurück. Von der linken Brustseite aus geht man zum Oberarm, wieder zurück zur Brust und hinüber zum rechten Oberarm. Mit einem Guß der Schultern wird der Vollguß beendet.

Die Prozedur eines Schenkelgusses sollte höchstens zwei Minuten dauern

Schenkelguß

Um einen Schenkelguß durchzuführen, beginnt man im allgemeinen an der Rückseite des Fußes sowie an der Außen- und Vorderseite des rechten Beines. Den Wasserstrahl läßt man langsam von der Ferse zur Kniekehle hinaufwandern und fährt dann ganz langsam und behutsam an der Mittellinie des Beines entlang bis zur Hüfte, verweilt dort für einen kurzen Moment und geht dann auf demselben Weg wieder zurück. Das andere Bein wird danach auf gleiche Weise mit Wasser begossen, bevor man ebenso mit den Beinvorderseiten verfährt. Insgesamt sollte diese Prozedur nicht länger als höchstens zwei Minuten dauern.

Rückenguß

Beim Rückenguß verfährt man ganz ähnlich wie beim Schenkelguß. Wieder beginnt man unten am rechten Bein und gießt dann weiter bis zur Hüfte und wieder zurück; dann wiederholt man das Ganze am linken Bein. Nun geht man an der linken Hüfte hinüber zur rechten Hüfte und läßt den Wasserstrahl hinauf bis zur Schulter wandern, bewegt ihn kurz über das Schulterblatt und die Rückseite des Oberarmes, bevor man dann wieder zurück zum Kreuz geht. Danach wird der Wasserstrahl über die linke Hüfte und von dort aus zur linken Schulter und wieder langsam nach unten geführt.

Knieguß

In aller Regel wird auch der Knieguß in stehender Position durchgeführt. Man beginnt mit dem Guß an den Zehen (Vorderseite), und geht dann mit dem Wasserstrahl ganz langsam bis hinauf zum Knie, umgießt die Kniescheibe einige Male und läßt den Strahl dann langsam wieder nach unten sinken. Ebenso verfährt man mit dem anderen Bein. Danach wird der Guß an der Ferse neu angesetzt und langsam bis hinauf zur Mitte des Wadenbeins (Kniekehle) geführt, wo man die Kniekehle mehrmals umgießt, bevor man den Wasserstrahl wieder hinunter zur Ferse sinken läßt. Auf gleiche Art begießt man danach das andere Bein.

Kaltwasser-Rebirthing

Kaltwasser-Rebirthing ist schon eher eine extreme Form von Rebirthing und daher nichts für Anfänger. Ähnlich wie beim Feuerlauf macht man damit die Erfahrung, daß man Dinge tun kann, von denen man bislang glaubte, daß sie einen entweder umbringen können oder zumindest ins Krankenbett befördern.Bei Kaltwasser-Rebirthing geht man etwa eine Stunde in eiskaltes Wasser. Dazu eignet sich entweder ein winterlicher See oder ein Eisbecken –, wie es üblicherweise in öffentlichen Saunen zu finden ist.

Das Saunabecken hat den Vorteil, daß die Umgebungstemperatur angenehm ist und man sich anschließend in der Sauna wieder wunderbar aufwärmen kann. Der Vorteil eines Sees im Winter ist, daß man wahrscheinlich völlig ungestört in der Natur ist und sich diesem Erlebnis hingeben kann.Die häusliche Badewanne ist nicht so gut geeignet, weil man dort nicht schrittweise tiefer ins Wasser eintauchen kann.

Zuerst geht man nur bis zu den Knöcheln ins Wasser. Das Gefühl an den Füßen scheint unerträglich zu werden, doch man steht da und atmet und läßt diesen unerträglichen Schmerz zu. Wichtig: Es geht nicht darum, sich abzuhärten nach dem Motto: »Ein Indianer kennt keinen Schmerz«.

Es geht mehr um ein Hingeben an diese unglaubliche Kälte und ein Zulassen aller Gedanken und Gefühle wie »Ich kann nicht mehr, ich will nicht mehr, ich will sterben« und dabei tief und verbunden zu atmen. In dem Augenblick, in dem man sich nicht mehr gegen die Kälte wehrt, verändert sich das Gefühl. Die Füße werden zwar nicht warm, aber plötzlich fühlt es sich ganz erträglich an. Dann ist es Zeit für den nächsten Schritt, so daß die Beine weitere zehn Zentimeter in das Wasser tauchen. Die Kälte und das Annehmen aller Gefühle beginnt von vorne. Das geht so lange weiter, bis Sie bis zum Hals im Wasser sind, und es erträglich finden. Wichtig ist, daß Sie auch einmal den Kopf untertauchen, bevor Sie das Wasser verlassen.

Besonders wichtig für ein erfolgreiches Kaltwasser-Rebirthing ist ein stets vorsichtiges Vorgehen. Dazu gehört eine erfahrene Begleitperson und die Einstellung, es nicht erzwingen zu wollen. Eine gute Möglichkeit ist auch, zuerst einmal eine harmlosere Variante zu probieren und dafür zum Beispiel ein kaltes Gewässer im Sommer zu wählen. Ist man mit dem Kaltwasser-Rebirthing erst einmal vertraut geworden, kann es eine geradezu unglaublich belebende Erfahrung darstellen. Der Körper steigert ganz automatisch seine eigenen Abwehrkräfte; ein wunderbares Mittel, um Erkältungskrankheiten im Winter vorzubeugen. Anschließend glüht der Körper geradezu durch diese gesteigerte Energie, aber man fühlt sich weich und verletzlich. Nach einem Kaltwasser-Rebirthing ist es wichtig, Zeit für sich zu haben und sich in einer angenehmen Umgebung aufzuhalten.

Besonders wichtig für ein erfolgreiches Kaltwasser-Rebirthing ist ein vorsichtiges Vorgehen

Das warme Wasser

Bei den meisten Anwendungen mit warmem Wasser steht vor allem der Aspekt absoluter Entspannung im Vordergrund. Nichts entspannt nach einem langen und harten Arbeitstag mehr als ein schönes warmes Bad. Man spürt direkt, wie sich die Anspannungen des Tages langsam vom Körper abzulösen beginnen und man dadurch in einen fast schwerelosen Zustand gerät.

Im klinisch-medizinischen Bereich werden Warmwasseranwendungen bei Muskelverkrampfungen, körperlichen Anspannungen, aber auch bei Gelenkstauchungen mit viel Erfolg eingesetzt.

Warmes Wasser stimuliert den Stoffwechsel und aktiviert die Blutzirkulation

Ebenfalls erwähnt werden sollte, daß warmes Wasser sowohl den Stoffwechsel stimuliert, als auch die gesamte Blutzirkulation aktiviert.

Duschen

Schon seit langem ist es für die indischen Yogis zu einer Selbstverständlichkeit geworden, zweimal am Tag zu duschen; einmal kurz vor Sonnenaufgang und einmal vor Sonnenuntergang. Es ist sinnvoll, diese Übung mindestens über einen Zeitraum von vier Wochen auszuüben, um ihre Wirksamkeit feststellen zu können. Sie werden erstaunt sein! Gerade das Duschen nach der Arbeit bewirkt, daß Sie sich sehr viel schneller vom Arbeitsstreß und den verschiedenen Energien (wie beispielsweise Ärger, Zurücksetzung, Anspannung) reinigen, die Sie im Tagesverlauf in sich aufgenommen haben. Dabei können Sie je nach Ihrem ganz persönlichen Bedürfnis kürzer oder auch länger duschen. Beenden Sie Ihre Dusche aber am besten mit einer Temperatur knapp unter 37 Grad Celsius.

Warmwasser-Rebirthing

Im Anfangsstadium der Rebirthingbewegung wurden Rebirthingsitzungen immer im warmen Wasser (etwa 37 Grad Celsius) abgehalten. Denn damals ging man davon aus, daß das warme Wasser die aufsehenerregende Wirkung hervorruft. In der Zwischenzeit hat sich jedoch eine ganze Menge auf dem Gebiet des Rebirthings getan, und heute wird kaum ein Rebirther bei seinen Klienten mit Warmwasser-Rebirthing beginnen. Mittlerweile wissen wir, daß es beim Rebirthing vor allem darauf ankommt, weich und verbunden zu atmen. Außerdem ist darauf zu achten, daß die Behandlung sanft und liebevoll abläuft und daß sie in einer Atmosphäre von Vertrauen und Geborgenheit stattfindet. Bevor man mit Warmwasser-Rebirthing beginnt, sollten mindestens fünf bis zehn Trockenrebirthingsitzungen vorausgegangen sein. Sobald man gelernt hat, durch Rebirthing energetische Blockaden aufzulösen, kann Warmwasser-Rebirthing eine äußerst sanfte Hilfe dazu sein.

Vor allem für Menschen, die nur wenig in Kontakt mit sich, ihrem Körper und ihren Gefühlen sind, eignet sich Warmwasser-Rebirthing. Die Arbeit mit warmem Wasser beschleunigt auf wunderbare Weise die Entspannung. Während eines Atemzyklus offenbaren sich Spannungen und unterdrückte Gefühle auf einer höchst subtilen Ebene und können so leichter integriert werden.

Warmes Wasser fördert diesen Prozeß. Ist jemand prinzipiell schon in der Lage, sein Gefühlsleben zuzulassen und es zu integrieren, kann er durch das Warmwasser-Rebirthing eine ganze Reihe von alten Mustern verarbeiten und auflösen.

Ein ganz wesentlicher Vorteil des Warmwasser-Rebirthing ist die nasse Wärme, die der im Mutterleib ähnelt. Dadurch können die verschütteten Erinnerungen an die Zeit im Mutterleib auch besonders gut aktiviert werden.

Für das Warmwasser-Rebirthing gibt es zwei gut geeignete Grundpositionen, die je nach angestrebter Aktivierung angewendet werden.

<u>Die zwei Positionen</u>

Mit dem Gesicht nach unten im Wasser treiben und durch den Schnorchel atmen.
Auf dem Rücken im Wasser treiben, wobei das Gesicht stets aus dem Wasser herausragt.

Der Rebirther ist stets anwesend, um den Rebirthee sowohl körperlich als auch emotional dabei zu unterstützen, sich in den Körperempfindungen, Gefühlen und Erinnerungen hinein zu entspannen, die im Moment da sind. Es können Erinnerungen aus dem Mutterleib sein, aber auch Erinnerungen aus einer Delphinwelt, die dann von einfachen Delphinbewegungen bis zu ekstatischen Befreiungserlebnissen führen können.

Die meisten Menschen, die bereits viel Erfahrungen mit dem Selbstrebirthing haben, entwickeln eine ausgesprochene Vorliebe für das Warmwasser-Rebirthing.

Das Warmwasser-Rebirthing beschleunigt auf wunderbare Weise die Entspannung

Warm- und Kaltwasser-Rebirthing

Wenn jemand bereits über längere Zeit Rebirthing praktiziert hat, sind mehrere Sitzungen mit Warmwasser-Rebirthing empfehlenswert. Danach: eine Sitzung oder auch mehrere mit Kaltwasser-Rebirthing, um so auch allerletzte Restblockaden in das Bewußtsein zu holen und aufzulösen.

Atem und Spiritualität

Meditation und Atem

Gerade in der Meditation nimmt das richtige Atmen einen großen und bedeutsamen Raum ein, denn der Atem ist die wichtigste Voraussetzung für eine erfolgreiche Meditation. Dabei geht man stets von einem gleichbleibend ruhigen und regelmäßigen Atemrhythmus aus.

Was ist Meditation?

Der Sinn des Meditierens besteht darin, den Geist friedfertig und ruhig werden zu lassen. Denn wenn der Geist in einem friedvollen Zustand ist, fallen Unbehagen und Sorgen von ihm ab, und man kann wahres Glück erleben. Solange der Geist unruhig ist, ist es äußerst schwierig, wirkliches Glück zu spüren, selbst wenn die äußeren Verhältnisse besonders günstig sind. Durch Meditationstraining wird der Geist Stufe für Stufe ruhiger, und man erfährt so immer unverfälschtere Formen von Glück und Harmonie. Schließlich wird es möglich sein, in einem andauernden Glückszustand zu verweilen, selbst dann, wenn wir mit den widrigsten Umständen konfrontiert werden.

Richtiges Atmen ist die wichtigste Voraussetzung für eine erfolgreiche Meditation

Im allgemeinen fällt es uns sehr schwer, unseren Geist unter Kontrolle zu halten, denn es scheint fast so, als würde er wie ein Blatt im Wind hin und her geweht, ohne zur Ruhe zu kommen. Solange im Außen alle Dinge gut laufen, ist auch der Geist glücklich und zufrieden. Tauchen aber Probleme auf – selbst wenn sie nur äußerst geringfügig sind – entsteht in uns sofort ein Gefühl von Trauer und Unglück.

Eine neue Partnerschaft oder berufliche Beförderung beispielsweise verursachen Euphorie und Aufregung, und wir tun alles, um die Ursache für diesen Umstand in uns so lange wie möglich festzuhalten. Doch damit vollziehen wir bereits unbewußt den ersten Schritt, der schließlich zu einer unweigerlichen Trennung führen muß. Die Anhaftung an beglückend empfundene Momente, Personen oder Dinge beeinflußt die innere Beweglichkeit. Letztlich aber führt das Festhalten immer zu Schmerz und Trauer.

Es ist ebenso möglich, daß es uns nicht gelingt, etwas das wir uns von ganzem Herzen wünschen, zu bekommen, oder aber wir verlieren etwas, das uns besonders lieb ist. Dann ist man ärgerlich oder zutiefst verzweifelt. Derartige Stimmungs- oder Gefühlsschwankungen entstehen, weil wir in aller Regel zu massiv in die äußeren Situationen verwickelt sind.

Durch eine intensive Meditationsschulung wird es gelingen, in uns einen inneren Raum der Klarheit hervorzubringen, der uns die Möglichkeit eröffnet, unseren Geist zu kontrollieren – unabhängig von den äußeren Umstände. Mit der Zeit entsteht so ein geistiges Gleichgewicht, das zwischen den Gefühlsextremen von freudiger Unrast und tiefster Verzweiflung gleichmäßig hin und her schwankt.

Eine intensive Meditation eröffnet uns die Möglichkeit, unseren Geist zu kontrollieren

Eine konsequente Meditationsschulung verleiht schließlich die klare Sicht auf die Befangenheiten, welche unsere Leiden und Probleme hauptsächlich verursachen. So sind wir in der Lage, sie aus dem Geist zu verbannen und zu erlösen.

Die Meditation ist eine sinnvolle Technik, um den Geist mit Wahrhaftigkeit vertraut zu machen. Sie ist ein geistiger Zustand, der sich auf ein tugendsames Objekt konzentriert oder ihn ergründet. Dies führt zur Entwicklung eines friedvollen Geistes.

Denn wenn wir über etwas nachdenken und dabei versuchen es zu bewerten, entsteht eine geistige Strömung, die nicht friedvoll ist. Deshalb sollten Werteinteilungen überwunden werden.

Arten der Meditation

Es gibt die analytische, beobachtende sowie die innehaltende oder verweilende Meditation

Es gibt vor allem zwei Arten der Meditation: zum einen die analytische, beobachtende Meditation und zum anderen die innehaltende oder verweilende Meditation.

Der tiefere Sinn einer analysierenden Meditation ist es, durch intensives Nachdenken über einen Text oder eine Belehrung zu einer klaren Entscheidung beziehungsweise einer tiefen Erkenntnis zu gelangen, die das Entstehen eines ganz charakteristischen Geisteszustandes bewirkt.

Bei der beobachtenden Meditation geht es darum, sich so lange auf den Gegenstand, das Objekt des Denkens, zu konzentrieren, bis schließlich mit diesem eine tiefe Vertrautheit erreicht ist.

Zwischen diesen beiden Meditationsmethoden besteht – vor allem im Buddhismus und Christentum – eine fast als symbiotische Verbindung zu bezeichnende Beziehung. Denn die verweilende Meditation nimmt in ihrem Wesen ebenso Bezug auf die analytische Meditation, wie umgekehrt die analytische Meditation stets Bezug auf die verweilende oder beobachtende Meditation nimmt.

Wie meditiert man?

Bevor Sie mit der eigentlichen Meditation beginnen, sollten Sie erst einmal eine angenehm entspannende Atmosphäre schaffen. Hierfür eignet sich ein ruhiger, vor Straßenlärm möglichst abgeschirmter Ort, der durch den Wohlgeruch eines Räucherstäbchens oder einer Aromaduftlampe noch zusätzlich erfüllt ist. Je nach persönlichen Vorlieben können Sie auch sanfte Meditationsmusik – wie sie mittlerweile in nahezu allen guten Fachgeschäften angeboten wird – zur richtigen Einstimmung abspielen.

Auf jeden Fall aber sollten alle Ablenkungen wie beispielsweise Telefon oder die Türklingel beseitigt werden, damit Sie sich vollkommen auf die Meditation konzentrieren können. Sind die äußeren Voraussetzungen geschaffen, dann setzen Sie sich bequem auf den Boden, ein Kissen – buddhistische Zentren bieten spezielle Meditationskissen an – oder auch auf einen Stuhl. Wichtig ist es jedoch, darauf zu achten, daß der Rücken gerade gehalten wird, um zu verhindern, daß der Geist während der Meditation träge oder schläfrig wird.

Setzen Sie sich mit halb geschlossenen Augen nieder und richten ihre gesamte Aufmerksamkeit auf Ihren Atem.

Atmen Sie ruhig und gleichmäßig. Wenn möglich, sollten Sie bei der Meditation ausschließlich durch die Nase atmen, ohne jedoch zu versuchen, den Atemrhythmus zu kontrollieren oder zu beeinflussen. Konzentrieren Sie sich vollkommen auf das Gefühl, das der Atem hervorruft, wenn er gleichmäßig durch die Nase ein- und wieder ausströmt. Am besten nehmen Sie Ihren Atem auch gleich als das erste Objekt Ihrer Meditation. Sie sollten versuchen, sich völlig auf Ihre Atmung zu konzentrieren und nichts anderes in den Bereich Ihrer Wahrnehmung eindringen zu lassen. Das hört sich schwerer an als es letztendlich ist. Hierbei gilt, wie für alles andere im Leben auch, der Satz: Übung macht den Meister.

Sicherlich wird Ihr Geist bei den ersten Versuchen noch sehr beschäftigt sein, denn sobald man sich einmal der Stille hingibt, scheint es so, als würden die Gedanken wie wildgewordene Flöhe durch den Kopf springen. Dadurch mag vielleicht der Eindruck entstehen, als würde Meditation nicht Ruhe, sondern vielmehr das Gegenteil davon bewirken; doch dem ist nicht so. Vielmehr wird Ihnen nur deutlicher bewußt, wie beschäftigt ihr Geist normalerweise ständig ist. Vor allem als Anfänger sehen Sie sich der ständigen Versuchung ausgesetzt, diesen unterschiedlichen Gedanken zu folgen, sobald sie auftauchen; dem sollten Sie jedoch widerstehen, indem Sie sofort Ihre Aufmerksamkeit völlig auf das Gefühl des Atmens richten.

Je mehr Routine Sie im Laufe der Zeit bekommen, um so mehr werden alle störenden Gedanken langsam abnehmen, und Sie werden das wunderbare Gefühl von Entspannung und innerem Frieden empfinden. Ihr gesamter Geist wird klar und weit, und Sie fühlen sich erholt und erfrischt.

Versuchen Sie, sich Ihren Geist einmal als ein Glas vorzustellen, in das zuerst Sand und dann Wasser gefüllt wird. Anfangs wird der Sand wild in dem Wasser herumwirbeln und das Wasser trüben. Wenn der Sand sich jedoch auf dem Boden des Glases abgesetzt hat, wird das Wasser wieder klar und rein. Ebenso wie mit dem Glas, dem Wasser und dem Sand verhält es sich mit dem Geist. Sobald Sie die Flut Ihrer Gedanken durch die Konzentration auf Ihren Atem beruhigt haben, erfahren Sie eine ungeahnte Gelassenheit und Klarheit. Kosten Sie diesen wunderbaren Zustand – der eigentlich nur eine Vorstufe zur Meditation ist – erst einmal in aller Ruhe aus, bevor Sie sich dann dem nächsten Schritt zuwenden.

Wenn möglich, sollten Sie bei der Meditation durch die Nase atmen

Meditation ermöglicht das Gefühl von innerem Frieden und Harmonie

Sie werden jedoch schon jetzt erfahren können, daß es möglich ist, vollkommen unabhängig von allen äußerlichen Gegebenheiten inneren Frieden und Harmonie zu empfinden. In diesem Zustand tiefster innerer Zufriedenheit und Geborgenheit sind Sie in der Lage, mit der Betriebsamkeit und den Widrigkeiten des normalen Alltags viel leichter fertig zu werden. Aber auch Ihre Umwelt wird davon profitieren, denn Ihr Geist ist von Zufriedenheit und Harmonie erfüllt, und Sie sind auch in der Lage, anderen Menschen gegenüber wohlwollender und freundlicher aufzutreten.

Wollen Sie sich darüber hinaus intensiver in der Praxis des Meditierens weiterbilden und den Zustand von innerem Frieden dauerhaft in sich manifestieren, sollten Sie einige grundlegende Themen zum Inhalt Ihrer Meditationsübungen wählen, die speziell im tibetischen Buddhismus ein wesentlicher Bestandteil des Meditierens sind. Da eine ausführliche Erläuterung über die einzelnen Grundthemen der Meditation jedoch bei weitem den Rahmen dieses Buches sprengen würde, werde ich nachfolgend nur einige wesentliche Stichpunkte zusammenfassen.

Einige Themen, über die zu meditieren sinnvoll ist

Wenn Sie über das Stadium der Meditationsvorbereitung hinausgehen möchten, ist es empfehlenswert, einige ganz grundlegende Themen in die Meditation zu integrieren. Diese Themen haben nichts mit Religionszugehörigkeit oder Glaubensrichtungen zu tun, sondern richten sich ganz allgemein auf die Kernpunkte allen Seins.

Bereits jeder einzelne der nun – nur ganz kurz – aufgeführten Punkte bietet eine so reichhaltige Möglichkeit zur Meditation, daß man damit ein ganzes Leben verbringen könnte.

■ Die Kostbarkeit allen Lebens

Hintergrund: Der Sinn dieser Meditation besteht darin zu erkennen, daß alles Leben – gleichgültig ob Mensch, Tier oder Pflanze – etwas außerordentlich Kostbares ist. Deshalb sollte man auch niemals leichtfertig mit dem Leben umgehen, sondern ihm Achtung entgegenbringen. Sobald sich diese Erkenntnis manifestiert hat, wird der Wunsch entstehen, auch das eigene Leben nicht leichtsinnig zu verschwenden, sondern es in den Dienst aller Lebewesen zu stellen.

■ Der Tod und die Vergänglichkeit

Hintergrund: Indem man sich in der Meditation intensiv mit dem immerwährenden Kreislauf des Lebens und der damit verbundenen Vergänglichkeit allen Seins auseinandersetzt, verliert der Gedanke an den Tod nach und nach seinen Schrecken. Es gibt nichts zu fürchten, wenn man sich mit etwas beschäftigt, statt es zu verdrängen.

■ Taten und ihre Auswirkungen

Hintergrund: Bei dieser Meditation geht es darum, sich mit seinen eigenen Taten und Handlungen auseinanderzusetzen. Denn nichts, was man tut, bleibt ohne Folgen.

Stellt man beispielsweise einen Topf mit Wasser auf den Herd, so hat dies zur Folge, daß das Wasser irgendwann zu kochen anfängt. Im Kleinen wie im Großen hat jede Tat Folgen.

Doch auch Nichtstun ist eine Art des Handelns, denn auch daraus erwachsen irgendwelche Resultate.

■ Gleichstellung von sich und anderen

Hintergrund: Der tiefere Sinn dieser Meditation besteht darin zu erkennen, daß es nichts gibt, das besser oder schlechter ist. Alles ist auf seine ganz eigene Art sowohl gut als auch schlecht. Niemand ist besser als man selbst. Hat man dies erst einmal erkannt und verinnerlicht, daß Gut und Böse nur zwei Seiten ein und derselben Münze sind, wird es keinen Grund mehr geben, sich anderen gegenüber als minderwertig oder überlegen zu fühlen. Jedes Lebewesen hat den gleichen Anspruch auf Achtung und das gleiche Recht auf Existenz.

■ Mitgefühl

Hintergrund: Bei dieser Meditation geht es vor allem darum, das eigene Verhältnis zu seiner Umwelt in umfassender Weise zu betrachten und zu erkennen, daß jedes Lebewesen eine Last zu tragen hat. Manchmal mag diese Last schwerer, manchmal leichter sein. Doch liegt es nicht an uns, dies zu beurteilen. Überhaupt sollte man sich davor hüten, Dinge, Umstände oder Menschen zu be- oder zu verurteilen.

Vielmehr sollte man allen Kreaturen mit Achtung und Liebe begegnen, und – wann immer es nötig oder möglich ist – bereit sein zu helfen. Mitgefühl sollte jedoch niemals mit Mitleid verwechselt werden, denn kein Lebewesen hat es verdient, bemitleidet zu werden. Mitleid bedeutet nämlich nichts anderes, als sich über das Leiden eines anderen erhaben zu fühlen.

Es gibt nichts zu fürchten, wenn man sich mit etwas beschäftigt, statt es zu verdrängen

Prana und die Essenz der Lebenskraft

Was bedeutet Prana?

Unter Prana versteht man die allgemeine Urkraft aller Energieformen, deshalb wird sie auch Urenergie, universelle Lebensenergie oder göttliche Energie genannt.

Die individuelle Lebensenergie durchdringt alles

Diese Energie durchdringt alles, selbst das Atom oder jede Zelle unseres Körpers. Prana ist in der Luft, und doch ist es nicht der Sauerstoff. Es ist im Stein, und doch ist es nicht die Materie. Am einfachsten läßt sich Prana als eine feinstoffliche Energie beschreiben, die wir durch Luft, Nahrung, Wasser, ja selbst durch das Feuer beziehungsweise durch das Sonnenlicht in uns aufnehmen. Spezielle Atemübungen – auch Pranayama genannt – sollen bewirken, daß das Prana oder unsere Lebensenergie völlig ungehindert durch unseren Körper fließen kann.

Pranayama

Pranayama sind die Atemübungen der indischen Yogis. Diese Atemübungen sollen dazu dienen, den Geist ruhig werden zu lassen und den Körper mit mehr Sauerstoff und Lebensenergie – dem Prana – zu versorgen, damit der Körper frisch und jugendlich bleibt.

Übung: Netireinigung

Diese Übung dient der Reinigung des physischen Atemapparates. Für diese Übung gibt es eine spezielle kleine Schnabelkanne, die Sie in jedem guten Yogazentrum kaufen können.

Füllen Sie diese Schnabelkanne mit leicht gesalzenem Wasser. Verwenden Sie dafür unbedingt unbehandeltes Meersalz. (Die Salz-Wasser-Mischung sollte etwa so salzig sein wie Ihre eigenen Tränen, da sich bei zuwenig oder zuviel Salz ein unangenehm brennendes Gefühl einstellt.) Bei einer sehr empfindlichen Nase und Leitungswasser von minderer Qualität sollten Sie Mineralwasser nehmen (aber ohne Kohlensäure). Bei einer trockenen oder empfindlichen Nase ist es ratsam, einen Arzt oder Heilpraktiker aufzusuchen, bevor man mit der Übung beginnt. Denn durch Heizungsluft, Hitze, Staub, Rauchen und klimatisierte Räume kann die Nase austrocknen. Diese Trockenheit läßt sich mit einem pflanzlichen Nasenöl beheben.

Beugen Sie Ihren Kopf nach links, gießen Sie etwa die Hälfte der Kanne in Ihr rechtes Nasenloch und lassen Sie es wieder aus dem linken herauslaufen. Wenn Sie jetzt ein Nasenloch mit einem Finger verschließen, können Sie abwechselnd das restliche Wasser durch ein kurzes Ausatmen durch die Nase austreten lassen.

Beugen Sie jetzt Ihren Kopf nach rechts, gießen Sie die andere Hälfte in Ihr linkes Nasenloch und lassen es aus dem rechten Nasenloch herauslaufen. Verschließen Sie wieder ein Nasenloch und lassen Sie dann abwechselnd das noch verbleibende Wasser durch ein kurzes Ausatmen aus Ihren Atemwegen herauslaufen.

Netiübungen dienen der Reinigung des physischen Atemapparats

Übung für das feinstoffliche Energiesystem

Die folgende Übung hilft uns dabei, unser feinstoffliches Energiesystem, das auch als Nadis bezeichnet werden kann, zu reinigen, damit wir offen für Prana und einen klaren Geist sind. Es gibt ungefähr 72 000 Nadis in einem menschlichen Körper. Die drei wichtigsten Nadis befinden sich entlang der Wirbelsäule und werden Sushumna, Ida und Pingala genannt. Machen Sie diese Übung zu Ihrer Morgentoilette und anschließend die bereits besprochenen zwanzig verbundenen Atemzüge.

Wechselatmung

Unser feinstoffliches Energiesystem wird auch als Nadis bezeichnet

Setzen Sie sich aufrecht auf einen Stuhl oder auf den Boden. Verschließen Sie die rechte Nasenöffnung mit dem Daumen der rechten Hand. Atmen Sie durch die linke Nasenöffnung langsam, gleichmäßig und geräuschlos ein. Verschließen Sie die linke Nasenöffnung mit Ihrem Ringfinger und dem kleinen Finger, öffnen Sie gleichzeitig die rechte Nasenöffnung und atmen Sie geräuschlos, langsam und vollständig durch die rechte Nasenöffnung aus. Atmen Sie jetzt durch die rechte Nasenöffnung langsam, gleichmäßig und geräuschlos ein und verschließen Sie mit dem Daumen die rechte Nasenöffnung, öffnen Sie gleichzeitig die linke Nasenöffnung und atmen Sie geräuschlos, langsam und vollständig durch die linke Nasenöffnung aus. Wiederholen Sie diese Übung noch zweimal und atmen Sie verbunden, das heißt ohne Pausen.

Wir erweitern jetzt die Grundübung mit einer Pause zwischen Ein- und Ausatmung nach dem Schlüssel 1.4.2. Dieser Schlüssel, eine Einheit Einatmung, vier Einheiten Pause und zwei Einheiten Ausatmung ist zentral im Pranayama.

Gründe für diesen Schlüssel sind:

- daß durch das längere Ausatmen mehr Kohlendioxid als in der Regel üblich abgeatmet wird. Dies ist bei Pranayama-Atemübungen von großer Bedeutung. Wird das Kohlendioxid schlecht abgeatmet, kann dies die Ursache von Erkrankungen sein;
- daß durch die Pausen mehr Sauerstoff in den Körper aufgenommen werden kann;
- daß die Leistungsfähigkeit der Atemmuskulatur vergrößert wird;
- daß durch das Anhalten die Kundalini Shakti erhitzt wird, und sie dadurch aufsteigen kann.

Das eigentliche Ziel von Pranayama-Übungen ist es, die Kundalinikraft zu erwecken. Doch es muß darauf hingewiesen werden, daß es sich hier um Feuertechniken handelt und daß als Voraussetzung das Atmen in der wäßrigen Qualität als erstes integriert sein muß. Die folgende Übung beginnen wir mit zwei Sekunden Einatmung, acht Sekunden Pause und vier Sekunden Ausatmung. Arbeiten

Sie mit diesem Rhythmus die ersten sechs Monate,und steigern Sie dann auf vier Sekunden Einatmung, 16 Sekunden Pause und vier Sekunden Ausatmung. Wenn dadurch Ihre Lebensfreude, Lebenskraft und Zuversicht gesteigert wird, verlängern Sie die Zeit in dieser Weise langsam und beständig. Das Verhältnis soll dabei immer 1:4:2 bleiben. Wenn dieses Pranayama in 12:48 und 24 Sekunden ausgeführt wird, nennt man es die leichtere Art von Pranayama. Wird es in 24:96 und 48 Sekunden ausgeführt, nennt man es das mittlere Pranayama, und bei 36:144 und 72 Sekunden wird es als höchste Art von Pranayama bezeichnet. Doch bitte üben Sie sich in Geduld bei dieser Übung, denn nur wer geduldig ist, wird die Früchte ernten und ist weise.

Übung: Wechselatmung mit Pausen

- Verschließen Sie die rechte Nasenöffnung mit dem Daumen der rechten Hand und atmen Sie durch das linke Nasenloch ein, und zählen Sie dabei langsam bis zwei.
- Halten Sie die Luft an, indem Sie noch das linke Nasenloch mit dem Ringfinger und dem kleinen Finger verschließen, und zählen Sie bis acht.
- Atmen Sie durch das rechte Nasenloch aus, indem Sie den Daumen von der rechten Nasenseite etwas entfernen, und zählen Sie dabei bis vier.
- Atmen Sie ohne Pause durch das rechte Nasenloch ein, indem Sie das linke verschlossen halten, und zählen Sie bis zwei.
- Halten Sie den Atem an, indem Sie noch das rechte Nasenloch mit dem Daumen verschließen, und zählen Sie bis acht.
- Atmen Sie durch das linke Nasenloch aus, indem Sie den Ringfinger und kleinen Finger etwas von der linken Nasenseite entfernen, und zählen Sie bis vier.

Wiederholen Sie diese Übung anfangs noch zweimal und steigern Sie sich langsam auf zehn Runden.

Beobachten Sie am Schluß der Übung Ihre Atmung. Sie können dabei feststellen, daß oft ein Nasenloch offener ist als das andere und daß nach ein bis zwei Stunden die andere Seite offener wird.

Wenn Sie das Zeitmaß in dieser Übung steigern wollen, seien Sie achtsam und lassen Sie sich Zeit. Es geht hier nicht darum, eine Atemmaschine zu werden, sondern Sie sollen ganz behutsam diese Feuertechnik erlernen, um damit Ihr persönliches Energiepotential zu vergrößern beziehungsweise die Kundalinikraft zu erwecken. Gewöhnen Sie sich ruhig zuerst

Das Ziel von Pranayama-Übungen ist es, die Kundalinikraft zu erwecken

einmal langsam an das Zählen und an das gleichmäßige, sanfte Atmen. Erst wenn das Einatmen, die Luft anzuhalten sowie das Ausatmen und das Zählen einfach und leicht ist, vergrößern Sie das Zeitmaß.

Übung: Wechselatmung mit Visualisierung

Kleine Atemübungen lassen sich bequem in den Tagesablauf integrieren

Bei dieser Übung wählen Sie ein für sich angenehmes Zeitmaß, zum Beispiel 4:16 und acht Sekunden. Beginnen Sie mit der Einatmung und stellen Sie sich dabei vor Ihrem geistigen Auge vor, daß Sie mit der Einatmung Ihre Gesundheit, Kraft, Vollkommenheit, Liebe, Weisheit sowie alle guten und edlen Eigenschaften stärken und vermehren.

- Während Sie den Atem anhalten, stellen Sie sich vor, daß Sie das Ziel tatsächlich erreichen.
- Beim Ausatmen atmen Sie alle Hindernisse, Mängel und Leiden aus, die Sie daran hindern, die obengenannten Eigenschaften zu leben.

Die Kraft des Atems stärken

In unserer langjährigen Praxis hat es sich bewährt, kleine Atemübungen in den Tagesablauf zu integrieren, zum Beispiel morgens nach dem Zähneputzen. Wenn Sie die Übungen als Ergänzung zu einem bereits bestehenden Morgenritual auffassen, fällt es Ihnen leichter, diese Übungen über einen längeren Zeitraum oder für immer zu praktizieren.
Wir empfehlen Ihnen:
Nach dem Zähneputzen die Netireinigung, anschließend die »Zwanzig Verbundenen Atemzüge« (sehe Seite 65), und zum Abschluß die Wechselatmung.
Alle Übungen zusammen beanspruchen nicht mehr als 5 Minuten Zeit und können wahre Wunder bewirken, vorausgesetzt, Sie führen sie regelmäßig durch. Versuchen Sie, kleine Laster wie Rauchen oder ungesunde Angewohnheiten wie Kaffeegenuß einfach durch Atemübungen zu ersetzen. Wenn Sie die genannten drei Übungen über einen Zeitraum von einem Jahr jeden Morgen machen, stärken Sie Ihr Immunsystem und intensivieren die Kraft Ihres Atems.

Die Kundalinikraft

Die stets gepriesene und geheimnisvolle Kundalinikraft, das mystische Feuer oder die Schlangenkraft, wie sie auch genannt wird, ruht im Steißbeinchakra und wird als zusammengerollte Schlange dargestellt. Es ist das Ziel eines jeden Yogis, sie zu erwecken und sie entlang der Wirbelsäule durch Sushumna Nadi hinaufsteigen zu lassen. Den Yogi, der sie erweckt, führt sie zur Erleuchtung. Sie verleiht Glückseligkeit und Weisheit, da sie selbst beides ist. Sie ist reine Erkenntnis, durch sie besteht die Welt und in ihr sind Schöpfung, Bewahrung und Auflösung. Es ist ein Zustand jenseits von Zeit, Raum und Kausalität.

Oder wie Gott Shiva seiner Gemahlin Devi erklärt, nachdem sie um Unterweisung bittet für uns Menschen: Devi sagt:»O Shiva, was ist deine Wirklichkeit?

Was ist dieses wundererfüllte Universum?

Was läßt den Samen entstehen?

Wer bildet den Mittelpunkt des universellen Rades?

Was ist das Leben außerhalb aller Form, das alle Form durchdringt?

Wie können wir ganz darin aufgehen, erhaben über Raum und Zeit, über Name und Beschreibung?

Laß meine Zweifel sich erhellen.«

»Betrachte deine Essenz als Lichtstrahlen, die von Zentrum zu Zentrum (von Chakra zu Chakra) entlang der Wirbelsäule hochsteigen, und so erhebt sich das Leben in dir. Sei gerichtet auf das Feuer, das durch deine Gestalt aufsteigt und den Körper von den Zehen bis zur Spitze zu Asche verbrennt, aber nicht dich ...«

Übung: Visualisieren der Kundalinikraft

Bei dieser Übung wählen Sie ebenfalls ein angenehmes Zeitmaß, zum Beispiel 4:16 und acht Sekunden. Seien Sie achtsam und machen Sie die Übung erst, wenn Sie sich ausreichend vorbereitet haben. Während Sie einatmen, stellen Sie sich vor, daß die Kundalinikraft vom Steißbein entlang der Wirbelsäule bis zu Ihrer Schädeldecke, also vom ersten Chakra bis zum siebten Chakra führt. Das siebte Chakra oder Sahasrara Chakra genannt, entspricht im physischen Körper der Zirbeldrüse. Visualisieren Sie Sushumna Nadi im physischen Körper, dem Rückenmark entsprechend, so dick wie Ihren kleinen Finger und lassen Sie die Schlangenkraft emporsteigen. Vielleicht spüren Sie, wie sich Ihr Steißbein leicht erwärmt oder sich ein leichtes

Kribbeln entlang der Wirbelsäule bemerkbar macht.

Während der Pause visualisieren Sie, daß diese Energie im oberen Teil Ihres Kopfes verweilt.

Bei der Ausatmung geht sie langsam wieder zurück in das Steißbeinchakra oder Muladhara Chakra, wie es auch genannt wird.

Übung: Bhastrika oder Blasebalg

Bhastrika bedeutet im Sanskrit »Blasebalg«. Atmen Sie so schnell wie der Blasebalg eines Schmiedes aus und ein. Die Brust weitet sich und zieht sich wieder zusammen. Beginnen Sie mit der Ausatmung, und am Ende der schnellen Atmung machen Sie einen tiefen und langen Atemzug und halten die Luft an, solange es ohne Übertreibung möglich ist. Beginnen Sie mit zehn schnellen Ausatmungen; steigern Sie diese langsam bis zu zwanzig schnellen Atemzügen. Machen Sie zu Beginn drei Runden und steigern Sie diese langsam auf bis zu zwanzig Runden.

Sie können diese Übung noch erweitern; dann wird sie zu einer besonders wirkungsvollen Methode, um die Kundalinikraft zu erwecken. Doch das sollten Sie erst versuchen, wenn Sie alle vorhergehenden Übungen beherrschen.

Nach den schnellen Atemzügen machen Sie einen langen und tiefen Atem-

Tibetische Mönche sind Meister der Atemtechnik

zug und verschließen die beiden Nasenlöcher. Gleichzeitig drücken Sie Ihr Kinn fest gegen die Brust, damit keine Energie nach oben entweichen kann; ebenfalls ziehen Sie Ihren Analmuskel leicht an, denn dies verhindert ein Entweichen von Energie nach unten. Halten Sie so lange wie möglich die Luft an, ohne zu übertreiben. Atmen Sie langsam und entspannen Sie sich wieder. Wiederholen Sie diese Übung noch zweimal.

Tibetische Atemtechniken

Tibetische Mönche und die NASA

In der Disziplin des richtigen Atmens sind die tibetischen Mönche geradezu Meister.

Während ich 1986 in einem tibetischen Kloster in Nepal weilte, erhielt die NASA von seiner Heiligkeit dem XIV. Dalai Lama die Erlaubnis, zwei Mönche, auch Lamas genannt, in die Vereinigten Staaten mitzunehmen. Der Grund für das Ersuchen der NASA war, daß diese beiden Mönche bei minus 50 Grad Celsius fast unbekleidet zwei Tage und mehr im Freien meditieren konnten, ohne dabei die geringsten Erfrierungserscheinungen aufzuweisen. Die meisten Menschen und selbst Mediziner werden hier wohl sagen, daß dies überhaupt nicht möglich sei. Auch die NASA-Offiziere waren sicherlich äußerst skeptisch, als sie ihre Versuchsreihe mit den tibetischen Mönchen starteten. Als dann nach zwei »Versuchstagen« die Körpertemperatur der Lamas von den Stabsärzten der US-Streitkräfte gemessen wurde, lag ihre Körpertemperatur bei nahezu exakt plus 48 Grad Celsius, und das – wie gesagt – bei einer Außentemperatur von minus 50 Grad Celsius.

Dieser Versuch ist nicht nur deshalb so bemerkenswert, weil ein normaler Mensch kaum in der Lage ist, derartige Temperaturen ohne spezielle Kälteschutzkleidung so lange zu überstehen. Faszinierend ist auch, daß der Mensch in aller Regel stirbt, wenn die eigene Körpertemperatur den kritischen Punkt von 44 Grad Celsius erreicht. Die beiden tibetischen Lamas hätten also aus zwei Gründen sterben müssen, doch sie erfreuten sich nach diesem Versuch allerbester Gesundheit. Das Geheimnis, daß diese beiden Mönche diese Tortur unbeschadet überstehen konnten – wenn man es überhaupt als Geheimnis bezeichnen möchte – ist unter anderem eine spezielle Atemtechnik. Die Kraft, die mit dieser ganz besonderen Form des Atmens er-

Das Geheimnis tibetischer Mönche ist eine spezielle Atemtechnik

weckt wird, wird mit einem tausendfachen »Orgasmus« verglichen. Die Beherrschung dieser Kraft oder Energie ist für diese Lamas außerordentlich wichtig, da sie teilweise für eine lange Zeit sehr zurückgezogen – auf sechs- bis siebentausend Metern Höhe in den einsamen Höhlen des Himalaja – leben.

Zwanzig Jahre Einsamkeit

Nach der tibetischen Lehre wird unser Energiekanal durch Wut, Eifersucht, Gier und Stolz blockiert

Während des Aufenthaltes in dem bereits erwähnten nepalesischen Kloster nahm sich ein Lehrer meiner an, der zwanzig Jahre vollkommen allein in etwa siebentausend Metern Höhe im Retreat (Retreat ist in etwa vergleichbar mit dem Vision Quest der nordamerikanischen Indianer, dem ZAZEN der japanischen ZEN-Buddhisten oder den Exerzitien christlicher Orden) oder in der Einsamkeit verbracht hatte.

Manchmal, in den Pausen zwischen seinen Belehrungen, hatte ich ab und zu die Gelegenheit, neben ihm auf einer dem Kloster vorgelagerten Steinmauer zu sitzen und die enorme Ruhe und Ausgeglichenheit, die diesen Mönch umgab, zu genießen.Die bloße Tatsache, in seinem Energiefeld oder in seiner Aura zu weilen, veränderte mein Bewußtsein nachhaltig. Mein Geist erfuhr größere Klarheit, und meine Lebensenergie wurde weich und friedlich.

Bei der Technik, die die Lamas anwenden, um über Monate beziehungsweise Jahre in eisiger Kälte überleben zu können, spielt die Atmung eine ganz wesentliche Rolle.

Eine Vorübung zu dieser Technik ist die etwas später, am Ende dieses Kapitels, folgende Übung »Inneres Feuer«.

Vom Umgang mit Emotionen

Der tibetischen Lehre zufolge blockiert negative Energie wie Wut, Eifersucht, Gier, Stolz und dergleichen mehr den Energiekanal, der entlang der Wirbelsäule verläuft, und zwar an den Chakren (Energieräder beziehungsweise Energiezentren entlang der Wirbelsäule). Je mehr wir uns jedoch von unseren negativen Energien befreien, indem wir uns immer bewußt bleiben und liebevoll unsere Schwächen wie beispielsweise Stolz und Ärger annehmen lernen, desto mehr werden wir von dieser kraftvollen und mächtigen Energie umgewandelt und daraus glückspendende Stärke beziehen. Um dies zu verstehen, brauchen Sie nur an eine Situation in Ihrem Leben zu denken, in der Sie sich von heftigem Verlangen nach etwas oder jemandem getrieben fühlten. Oder erinnern Sie sich doch einfach an ein Ereignis, durch welches Sie von einer großen Wut überwältigt wurden. Wieviel

Ruhe und Klarheit war zur Bewältigung dieser Situation notwendig? Wie haben Sie Ihre Lebenskraft eingesetzt?

Das Ausagieren dieser Emotionen bringt nur kurze »Erleichterung«. Da Sie beim Durchleben mit den eigentlichen Ursachen Ihrer Gefühle überhaupt nicht in Berührung kommen, kann es letztlich auch zu keiner wirklichen Heilung kommen. Doch auch das Unterdrücken – wie es viele Menschen praktizieren, die niemals gelernt haben Konflikte auszutragen – von starken Emotionen wie Wut, Zorn oder Verlangen stellt keine Lösung dar, denn dadurch werden diese Gefühle letztlich nur verstärkt. Deshalb dauert es häufig auch nur eine ganz kurze Zeit, bis sich diese Situationen mit verstärkter Intensität wiederholen. Das Ergebnis ist sowohl die Projektion als auch das unangenehme Empfinden, schuldig zu sein, wodurch die Wurzel des Übels noch immer völlig unangetastet bleibt.

Die Übung »Inneres Feuer« soll uns nun dabei helfen, diese Energien umzuwandeln und sie damit konstruktiv für unser Leben nutzbar einzusetzen. Vergegenwärtigen Sie sich, daß Gut und Böse nichts anderes als die beiden Seiten einer Münze sind. Befreien Sie sich von Ihren anerzogenen Wertvorstellungen, denn in der Natur gibt es weder Gut noch Böse.

Übung: Feueratmung

- Setzen Sie sich ganz entspannt und bequem auf den Boden oder einen Stuhl. Ihre Wirbelsäule sollte dabei gerade und entkrampft sein. Sollten Sie es vorziehen, auf dem Boden zu sitzen, wäre es vorteilhaft,ein Meditationskissen zu verwenden, denn je unverkrampfter Sie diese Übung beginnen, desto leichter und erfolgreicher wird sie.
- Zu Beginn dieser Übung visualisieren Sie sich alle drei Kanäle Sushumna Nadi, Pingala Nadi und Ida Nadi als drei durchsichtige Röhren entlang der Wirbelsäule. Sushumna Nadi sollte die Dicke etwa des kleinen Fingers haben und die beiden anderen etwas dünner. Alle drei Nadis vereinigen sich schließlich etwa vier Finger breit unterhalb des Nabels.
- Lassen Sie sich für diese Visualisierung genügend Zeit. Sie werden erfahren, daß die drei Nadis auf der feinstofflichen Ebene immer konkreter für Sie werden, vielleicht sogar spürbar.
- Stellen Sie sich vor, daß entweder ein roter, feuriger Diamant oder aber eine glühende Kohle sich in der Nabelhöhe in Ihrem Inneren befindet. Verschließen Sie leicht den Analmuskel, dadurch wird verhindert, daß Energie nach unten entwei-

Das Unterdrücken von starken Emotionen wie Wut, Zorn oder Verlangen stellt keine Lösung dar

chen kann, beziehungsweise dies verstärkt die Energie im Bauchbereich. Atmen Sie nun ganz langsam und entspannt durch beide Nasenöffnungen tief ein. Beachten Sie dabei, wie sowohl die Luft als auch das Prana von der Nasenöffnung aufwärts bis zum Scheitel steigt und dann Pingala Nadi und Ida Nadi hinunterströmt bis zu dem Punkt im Nabelbereich, an dem sich alle drei Nadis vereinen. Nachdem die Einatmung beendet ist, machen Sie eine knappe Schluckbewegung und drücken dann sofort die Energie von oben nach unten. Somit ist nun die ganze Energie im Nabelbereich eingeschlossen und wird komprimiert. Nun verbindet sich die Luft und Energie mit der Hitze, und Sie halten die Luft so lange an, wie es für Sie angenehm ist. Spüren Sie, wie diese Hitze zunimmt und sich im ganzen Nabelbereich auszubreiten beginnt.

■ Entspannen Sie sich danach völlig, wobei Sie aber besonders darauf achten sollten, daß Sie ruhig und ungezwungen durch die Nase ausatmen. Visualisieren

Yogaschüler mit ihren Lehrern

Sie dabei, wie die heiße Luft beziehungsweise die feurige Energie im zentralen Kanal Sushumna emporsteigt und durch das Scheitelchakra wieder entweicht. Bei diesem Vorgang wird jede einzelne Blockade im jeweiligen Chakra durch die feurige Energie verbrannt, und gleichzeitig bildet sich im Scheitelchakra eine allumfassende Klarheit und silberklare Kraft-Konzentration.

- Bleiben Sie mit Ihrer Aufmerksamkeit beim feurigen Diamanten oder aber der glühenden Kohle.
- Bei der erneuten und sanften Einatmung durch die Nase verschließen Sie wieder die Analmuskel, machen die bekannte Schluckbewegung und pressen die Energie so durch das Zwerchfell nach unten. Machen Sie eine Atempause und lassen Sie nach der Atempause die Luft wieder über den zentralen Kanal aufsteigen und dann anschließend über das Scheitelchakra entweichen.
- Wiederholen Sie diese Übung insgesamt siebenmal. Bei jedem Atemzug lassen Sie dabei die Hitze ein wenig stärker werden. Bei der siebten Ausatmung lassen Sie aus dem Nabelbereich Flammen durch Sushumna Nadi emporschießen, so als würde während dieses Vorgangs alles Unreine in jedem Chakra verbrannt. Im Scheitelchakra bringen Sie die Flammen dieser silberklaren Kraft-Konzentration langsam zum Schmelzen, die dann im Sushumna Nadi abwärts fließt.

Spüren Sie, wie Sie allmählich von einer immer größer werdenden Freude durchströmt werden?

Wenn diese silberklare Kraft-Konzentration den feurigen Diamanten oder die glühende Kohle erreicht, kommt es zu einer wahren Explosion tiefster Glückseligkeit und Freude. Jede einzelne Zelle Ihres Körpers wird von dieser unbeschreiblichen Glückseligkeit und Freude durchdrungen werden. Sie erfahren tiefste Zufriedenheit und allumfassende Klarheit. Genießen Sie diesen Zustand, ohne ihn mit Gewalt festzuhalten.

Ein kurzes Nachwort,– und wie geht es weiter?

Auf vielen meiner Vorträge und Seminarreisen im In- und Ausland wird mir oftmals die Frage gestellt: »Ist Rebirthing eigentlich nicht gefährlich?«

Rebirthing ist freies und bewußtes Atmen, freies und bewußtes Atmen kann nicht gefährlich sein

Meine Antwort darauf lautet stets: »Rebirthing ist freies und bewußtes Atmen, und freies und bewußtes Atmen kann nicht gefährlich sein.« Diesem Satz gibt es jedoch noch einiges hinzuzufügen, denn natürlich kann unsere Gier, unser Verlangen, unsere Verhaftung und unser Mind gefährlich sein und Angst und Panik auslösen, und nicht freies und bewußtes Atmen. Doch ein Vermeiden führt direkt oder indirekt in die Krise und Krankheit, und ich würde statt dessen den Weg der kleinen Schritte empfehlen.

Ist es nicht so, daß Techniken, die kaum etwas bewirken, zwar ungefährlich, aber auch nicht hilfreich sind? Ja, daß bereits das Leben selbst immer behutsam beobachtet werden sollte, um unerwünschte Resultate zu vermeiden? Wenn Sie tatsächlich in die tieferen Schichten ihres Seins vordringen wollen, dann ist es stets ratsam, einen geeigneten Begleiter, Therapeuten oder geschulten Rebirther zu suchen, der mit Ihnen gemeinsam diese Wege beschreitet.

Je eingehender Sie selbst lernen, diese verschiedenen Techniken und Werkzeuge in Ihrem eigenen Leben zu gebrauchen, desto leichter wird es Ihnen auch möglich sein, ein zufriedenes und vor allem ein ausgeglichenes Leben zu führen. Als ich mich 1984 zum Rebirther ausbilden ließ, hatte ich eigentlich nur den einzigen Wunsch, eine Technik zu erlernen, um mich selbst zu heilen.
Ein tiefer Rebirthingprozeß oder eine Ausbildung zum Rebirther sollte unbedingt folgende Abschnitte beinhalten:

1. Intensive Arbeit mit dem Atem und mit verschiedenen Atemtechniken

- Auf der körperlichen Ebene, indem wir lernen, auf die unterschiedlichen Signale unseres Körpers zu achten und ihn ausreichend mit Sauerstoff und Energie zu versorgen. Als Ergänzung bietet sich hier besonders die Körperarbeit aus Yoga oder den Sufis an, ebenso bewußte und gesunde Ernährung.
- Auf der emotionalen Ebene ist die Aufarbeitung der verschiedensten Traumata ein wesentliches Zentralthema, bevor man sich Techniken wie etwa der Feueratmungstechnik oder der bewuß-

ten Arbeit mit Dringlichkeitsbarrieren widmen kann.

- Auf spiritueller Ebene ist es die Erfahrung des Atmens – das ungeteilte Selbst, die Ureinheit – ,die das Ziel eines jeden spirituellen Weges darstellt. Das Wort Atem leitet sich in seinem Wortstamm von dem Wort Atmen ab, und so ist es auch gar nicht weiter verwunderlich, daß dem Atem weltweit in allen mystischen Schulen eine wichtige Schlüsselfunktion zufällt.

Tarthang Tulku, einer der großen tibetischen Lehrer, sagte einmal über den Atem: »Weil die äußeren wie die inneren Energien aus dem gleichen Atem stammen, wird sich mit der Veränderung unserer inneren Welt unsere Beziehung zur äußeren Welt wandeln, und das Universum wird zu einem angenehmeren Lebensraum werden. Bist du dir deines Atems bewußt, wird dein ganzes Leben ausgeglichen sein. Es ist so, als ob die äußere Welt der Objekte und unsere innere Welt der Sinneswahrnehmung – unser Bewußtsein – miteinander verschmelzen. Wir tragen die Welt, und die Welt trägt uns und unsere Sinne.«

2. Reinigungsrituale mit den Elementen

In der Bibel steht: »Gott sprach, es werde ..« Gott ist die Verkörperung des geistigen Elements der Sprache und wird im Hebräischen aus den Anfangsbuchstaben von Feuer, Wasser und Luft gebildet. So wie Gott oder das geistige Prinzip ausgedrückt wird, ist es auch möglich, diese göttliche Energie unmittelbar durch die Reinigungsrituale mit den Elementen zu erfahren. Jedoch auch in den vier Charakterformen (Sanguiniker, Choleriker, Melancholiker und Phlegmatiker) oder krankhaft ausgeprägt durch den schizoiden, den hysterischen, den depressiven und den zwanghaften Typ, lassen sich die Elemente wiederfinden.

Element Luft: Luft bedeutet so zu atmen, daß die göttliche Energie vollkommen bewußt durch unseren Körper hindurchfließen kann, und wir von dieser Energie getragen werden. Es bedeutet, mit Hilfe des Atmens sämtliche negativen Energien aufzulösen und dabei sowohl unseren materiellen wie auch energetischen Körper zu reinigen.

Bist du dir deines Atems bewußt, wird dein ganzes Leben ausgeglichen sein

Element Feuer: Feuer bedeutet, an einem offenen Feuer zu sitzen, zu meditieren und unsere gesamte Aura zu reinigen; aber auch Feuerrituale zu zelebrieren.

Element Wasser: Wasser reinigt unseren Emotionalkörper und macht uns dadurch weich und offen. Atemübungen im Wasser sind deshalb auch äußerst effektiv.

Wie bereits beschrieben, praktiziert man Rebirthing neben dem Trockenrebirthing auch im warmen und kalten Wasser, um verborgene Strukturen an die Oberfläche des Bewußtseins zu bringen.

Element Erde: Erde bedeutet körperliche Bewegung, wie beispielsweise Yoga, bewußte Ernährung oder Fasten, aber auch sich in seinem Beruf (Berufung) erfolgreich und glücklich zu verwirklichen. Bewußte Körperarbeit und Fasten helfen, den Körper zu entschlacken.

»Der welcher wandelt voll Beschwerden, wird rein durch Feuer, Wasser, Luft und Erde.« (Zitat aus der Zauberflöte von W. A. Mozart)

Literatur

Albery, N. :
Wie neugeboren, Der Grüne Zweig

Griebl, G.:
Die Schwingen der Freiheit, Theta

Grof, St.:
Das Abenteuer der Selbstentdeckung, Kösel Verlag

Laut, Ph.:
Neugeboren werden, Kösel Verlag

Leonard, J./ Koch, W.:
Das Atem-Heilbuch, Windpferd

Walter, J.:
Die heilende Kraft des Atmens, Peter Erd Verlag

Hinweise

Sollten sich bei Ihnen nach dem Lesen dieses Buches Anregungen oder Fragen ergeben haben, so können Sie uns gerne schreiben, und wir werden versuchen, all Ihre Fragen so schnell und ausführlich wie möglich zu beantworten.

Legen Sie Ihrem Brief einfach einen frankierten und an Sie adressierten Rückumschlag bei und schicken ihn an:
Konrad Halbig, Almstr. 4,
D-84424 Burgrain.

Zu diesem Buch können über den Fachhandel bezogen werden:
Musik- und Hörwerke
1. AMBA
von Felix Maria Woschek und Konrad Halbig

Eine wunderbare Musik, die direkt das Herz berührt. Gesungen werden heilende und heilige Mantras aus Tibet und Indien, die die eigenen Kräfte von Körper, Geist und Seele positiv unterstützen und den Zuhörer mit seinem göttlichen Selbst verbinden.
Diese Musik gibt dem Zuhörer Kraft, eignet sich hervorragend zur Entspannung und wurde eigens als Begleitmusik für Rebirthing entwickelt.
Liebe ist die große Heilerin und offenbart sich in dieser Musik durch das Herz.
Leonard Orr, der Begründer von Rebirthing, sagte: »Es gibt so etwas wie die allumfassende oder göttliche Liebe, und ich kann sie in dieser Musik spüren.«
CD ISBN 3-929512-10-6

2. Bewußtes Atmen
von Konrad Halbig und Karin Schnellbach

Konrad Halbig und Karin Schnellbach sprechen über das Wunder und die Kraft des Atems und leiten zu einfachen Atemübungen an.
MC ISBN 3-929512-00-9

Register

Die Deutsche Bibliothek – CIP-Einheits-
aufnahme

Halbig, Konrad:
Richtig atmen für mehr Lebensfreude : praktische Anwendungen der Atemtherapie / Konrad Halbig ; Karin Schnellbach. – Leipzig ; Jena ; Berlin : Urania-Verl., 1997
ISBN 3-332-00587-1
NE: Schnellbach, Karin

Umschlaggestaltung: S/L Kommunikation
Titelbild: J.-M. Foujols/Premium
Fotos: Comstock GmbH, Berlin: S. 18, 21, 23, 27, 36, 39, 59, 104, 110;
Konrad Halbig, Burgrain: S. 116,120
Zeichnungen: Andreas Rimmelspacher, Seehausen
Lektorat: Dr. Reitter & Partner Verlag GmbH, 85591 Vaterstetten
Satz: Dr. Reitter & Partner Verlag GmbH, 85591 Vaterstetten
Druck: Westermann Druck Zwickau

Printed in Germany

Gedruckt auf alterungsbeständigem Papier mit chlorfrei gebleichtem Zellstoff

Originalausgabe
ISBN 3-332-00587-1